Christian Manga

Effets de vie littéraire et mythique dans la Bible

Christian Manga

Effets de vie littéraire et mythique dans la Bible

Éditions universitaires européennes

Impressum / Mentions légales

Bibliografische Information der Deutschen Nationalbibliothek: Die Deutsche Nationalbibliothek verzeichnet diese Publikation in der Deutschen Nationalbibliografie; detaillierte bibliografische Daten sind im Internet über http://dnb.d-nb.de abrufbar.

Alle in diesem Buch genannten Marken und Produktnamen unterliegen warenzeichen-, marken- oder patentrechtlichem Schutz bzw. sind Warenzeichen oder eingetragene Warenzeichen der jeweiligen Inhaber. Die Wiedergabe von Marken, Produktnamen, Gebrauchsnamen, Handelsnamen, Warenbezeichnungen u.s.w. in diesem Werk berechtigt auch ohne besondere Kennzeichnung nicht zu der Annahme, dass solche Namen im Sinne der Warenzeichen- und Markenschutzgesetzgebung als frei zu betrachten wären und daher von jedermann benutzt werden dürften.

Information bibliographique publiée par la Deutsche Nationalbibliothek: La Deutsche Nationalbibliothek inscrit cette publication à la Deutsche Nationalbibliografie; des données bibliographiques détaillées sont disponibles sur internet à l'adresse http://dnb.d-nb.de.

Toutes marques et noms de produits mentionnés dans ce livre demeurent sous la protection des marques, des marques déposées et des brevets, et sont des marques ou des marques déposées de leurs détenteurs respectifs. L'utilisation des marques, noms de produits, noms communs, noms commerciaux, descriptions de produits, etc, même sans qu'ils soient mentionnés de façon particulière dans ce livre ne signifie en aucune façon que ces noms peuvent être utilisés sans restriction à l'égard de la législation pour la protection des marques et des marques déposées et pourraient donc être utilisés par quiconque.

Coverbild / Photo de couverture: www.ingimage.com

Verlag / Editeur:
Éditions universitaires européennes
ist ein Imprint der / est une marque déposée de
OmniScriptum GmbH & Co. KG
Heinrich-Böcking-Str. 6-8, 66121 Saarbrücken, Deutschland / Allemagne
Email: info@editions-ue.com

Herstellung: siehe letzte Seite /
Impression: voir la dernière page
ISBN: 978-613-1-59445-8

Copyright / Droit d'auteur © 2015 OmniScriptum GmbH & Co. KG
Alle Rechte vorbehalten. / Tous droits réservés. Saarbrücken 2015

Christian Manga

**EFFETS DE VIE LITTERAIRE ET
MYTHIQUE DANS**

SOMMAIRE

INTRODUCTION GENERALE 4
CHAPITRE PREMIER : LE MYTHE ET L'IMAGINAIRE 14
   I.   Définition et fonctions du mythe 15
      I.1. Définitions 15
      I.2. Les fonctions du mythe 20
   II.   Typologie et aspects du mythe 24
      II.1. Typologie 24
         II.1.1. Le mythe cosmogonique 24
         II.1.2. Le mythe étiologique et la légende héroïque 29
         II.1.3. Le mythe eschatologique 30
   III.   La notion d'archétype 31
      III.1. Les principaux archétypes 34
      III.2. Caractéristiques de l'archétype 37
CHAPITRE 2 : LA BIBLE 46
   I.   Présentation de la *Bible* 47
      I.1. La formation de l'Ancien Testament 48
      I.2. La formation du Nouveau Testament 52
   II.   La *Bible* : une des œuvres de la littérature universelle 55
      II.1. La *Bible* comme un art 55
         II.1.1. La fiction ou la diégèse 56
      II.2. La thématique universelle de la *Bible* et l'effet de vie 63
   III.   La *Bible* comme livre sacré 66
   IV.   La *Bible* comme un recueil de mythes 69
      IV.1. Le Mythe Cosmogonique 71
- La Mythe étiologique 72
- Le Mythe Héroïque 72

CHAPITRE 3 : L'EFFET DE VIE LITTERAIRE ET L'EFFET DE VIE MYTHIQUE 75
   I.   L'effet de vie littéraire 76
      I.1. Les caractéristiques 76
         I.1.1. Effet de vie littéraire : un effet de vie individuel 77

  I.1.2. L'effet de vie littéraire : un effet de vie onirique 78
II. L'effet de vie mythique 81
  II.1.les caractéristiques 81
    II.1.1. Effet de vie mythique : un effet collectif 82
    II.1.2.Effet de vie mythique : un effet de vie pragmatique 84
CHAPITRE 4 : LA LITTERATURE ET LE MYTHE DANS LA BIBLE 89
I. De l'effet de vie littéraire dans la *Bible* 90
 - Le Premier invariant : effet de vie 92
 - Le deuxième invariant : la cohérence dans l'œuvre 95
 - Le troisième invariant : Le concret des mots 96
 - Le quatrième invariant : le Jeu des mots 97
 1. L'effet de vie 98
 2. La cohérence dans l'histoire 99
 3. Le concret des mots 100
 4. Le jeu de mots 101
 I.1. *Bible* et effet de vie littéraire individuel 101
 I.2. *Bible* et effet de vie littéraire onirique 103
II. *Bible* et effet de vie mythique ou sacré 104
 II.1.*Bible* et effet de vie mythique collectif 105
 II.2. *Bible* et effet de vie mythique pragmatique 106
 CONCLUSION GÉNÉRALE 108
  REFERENCES BIBLIOGRAPHIQUES………………………………………………116

À cette femme qui n'eut pas le temps de moissonner les fruits de la semence que je suis.

INTRODUCTION GÉNÉRALE

Appréhender la *Bible* comme un simple instrument aux mains des prêtres, évangélistes et pasteurs, pouvant leur permettant d'évangéliser et enseigner les idéaux de la foi chrétienne, est un fait. Mais dépasser cette conception purement théologique ou religieuse pour atteindre la dimension littéraire de ce livre, dévoile à coup sûr sa double dimension. Elle constitue, en général, un ensemble de deux vecteurs : c'est une œuvre d'art littéraire et un recueil de mythes dont peuvent se servir certains chrétiens pour expliquer l'origine du Cosmos et la vie en société. La Bible est donc à la confluence du versant littéraire et du versant mythique ; tous deux générateurs de ce que Marc Mathieu Munch[1] appelle dans son esthétique « effet de vie ». En convenant donc avec Munch que la condition de réussite d'une œuvre d'art littéraire est *l'effet de vie*, c'est-à-dire, l'émotion esthétique qu'elle produit dans la psyché du lecteur-auditeur-spectateur, on comprend sans doute que la Bible ne déroge pas à la règle. En partant aussi de la dichotomie effet de vie littéraire et effet de vie mythique qu'il opère, nous pouvons appréhender la Bible comme une œuvre qui couvre à la fois le *littéraire* et le *mythique* : double effet de vie.

La perspective de ce travail vise donc à montrer comment le premier livre de l'ère moderne, par sa rhétorique, produit deux types d'effets de vie : un dans l'esprit du lecteur potentiel, et l'autre dans la vie réelle, individuelle et sociale. L'homme qui lit la *Bible* est alors un homme de deux mondes : le monde littéraire avec son *voyage psychique*[2] et le monde mythique produisant un effet de vie réel dans la vie quotidienne. Cette ambivalence établit clairement le lien inéluctable entre le mythe à la littérature.

---

[1] M-M. Munch, *Effet de vie ou le singulier de l'art littéraire*, Paris, Honoré champion, 2004.
[2] Nous assimilons l'effet de vie à un voyage psychique parce que tout s'opère au niveau de la psyché du lecteur-auditeur-spectateur qui se construit de nouveaux lieux ; de nouveaux espaces ; un nouveau monde, une nouvelle vie dans sa psyché.

Nous inscrivons cette recherche dans le domaine des sciences littéraires et singulièrement dans l'esthétique littéraire de Marc-Mathieu Munch qui est le cadre théorique sur lequel seront basées nos analyses. Notre matériau sera constitué de quelques mythes et/ou récits bibliques sélectionnés en fonction de leur pouvoir à susciter une double « émotion esthétique ». Ce cadre de réflexion qu'est la théorie de l'effet de vie tient de multiples lectures faite dans sa théorisation. Ainsi, de 2004 à nos jours, un nombre non négligeable d'articles et réflexions sur la théorie de l'effet de vie ont vu le jour. Et d'hier à aujourd'hui, les questions sur la Bible ont inspiré de nombreux critiques et personnalités. La réflexion de Munch sur l'effet de vie, bien qu'amorcée bien avant, part de son ouvrage *L'effet de vie ou le singulier de l'art littéraire*. En sept chapitres, le théoricien de l'effet de vie pose les jalons d'une théorie qui, enfin, fait l'unanimité des auteurs. Munch part d'un constat aussi patent que pertinent à savoir, les auteurs ne s'accordent pas sur la définition du beau littéraire car le beau est aussi divers et relatif que les genres, les sujets, le style. Mais ces auteurs sont unanimes sur l'existence de quatre points, quatre invariants. Ces quatre invariants sont subsumés dans le premier qu'est l'effet de vie ou « la règle la plus globale de l'œuvre littéraire réussie (…) »[3]. En sorte qu'« une œuvre littéraire réussie est celle qui est capable de créer dans la psyché du lecteur-auditeur-spectateur un effet de vie par le jeu cohérent des mots »[4].

Après cet invariant (effet de vie), viennent les trois autres à savoir la cohérence de l'œuvre qui n'est rien d'autre que l'unité d'une œuvre d'art littéraire, son schéma logique. Les deux autres invariants concernent le jeu des mots et le concert des mots qui rendent à l'œuvre littéraire et à la littérature ses propriétés esthétiques essentiels. Ces quatre invariants conditionnent donc la

---

[3] M-M. Munch « Le mythe et la littérature deux effets de vie parallèles mais spécifique » in F. Guiyoba et P. Halen, *Mythe et effet de vie littéraire : une discussion autour du concept d' « effet de vie » de Marc – Mathieu Munch*, Strasbourg, Le Portique, 2008.
[4] Idem, *L'effet de vie ou le singulier de l'art littéraire*, Paris, Champion, 2004.

beauté d'une production littéraire. Les sept chapitres de cet ouvrage définissent ainsi les conditions de réussite d'une œuvre : elle doit pouvoir créer une « émotion esthétique », un effet de vie, une « vie artificielle » dans l'esprit du lecteur-auditeur-spectateur.

Par ailleurs, l'article commis lors du troisième congrès du Réseau Asie-Imasie tenu les 26,27 et 28 septembre 2007 sera un développement de la théorie. Dans cet article intitulé *Arts et littérature*, Munch montre que l'effet de vie est la vérité de tous les arts qui ne varient au fond que par la diversité des matériaux. Pour lui, cet invariant justifie la beauté dans tous les arts. Ainsi, tous les arts ont pour but, l'effet de vie mais pas les mêmes matériaux bruts. Lorsque la littérature a pour matériau brute le mot associé au sens pour nommer des choses, la peinture ou encore la musique ont respectivement les couleurs, les surfaces et les sons comme matériaux bruts pour atteindre leur but collectif : l'effet de vie.

En outre, notre travail a aussi bénéficié de la lecture du collectif signé par François Guiyoba et Pierre Halen. Cet ouvrage s'intitule : *Mythe et effet de vie littéraire : une discussion autour du concept d' « effet de vie » de Marc-Mathieu Munch*[5]. À travers l'article intitulé : *le mythe et la littérature deux effets de vie parallèles mais spécifiques*[6], Marc-Mathieu Munch, opère une sorte de dichotomie effet de vie littéraire et effet de vie mythique. Selon Munch, la littérature produit un effet de vie dans l'esprit alors que le mythe offre un effet de vie dans la vie réelle. Ainsi, pour l'auteur : « l'art littéraire vise à créer un effet de vie dans la psyché alors que les mythes visent à créer un effet de vie heureuse dans la vie réelle, individuelle et sociale »[7].

---

[5] F. Guiyoba et Pierre Halen, *Mythe et effet de vie littéraire : une discussion autour du concept d' « effet de vie » de Marc – Mathieu Munch,* Strasbourg, le Portique, 2008.
[6] M-M. Munch, *op. cit.*
[7] *Ibidem.*

Il apparait donc une différence fondamentale entre l'émotion esthétique produite par la littérature et l'émotion esthétique mythique. Aussi le théoricien de l'effet de vie a-t-il insisté sur les traits distinctifs ou caractéristiques du mythe. En le définissant, Munch a retracé le caractère atemporel, significatif, efficace et schématique du mythe dont la principale difficulté d'appréhension ou de considération réside dans la foi, la croyance.

Dans le collectif sus-évoqué, nous avons également consulté l'article commis par Jean Ehret : *Bible et mythe : de l'antagonisme théologique à la cohérence littéraire*. Dans cet article, Jean Ehret aborde et expose l'opposition entre le mythe et la *Bible*. D'un point de vue purement théorique, Ehret assimile le mythe, relativement à la *Bible*, à un mensonge, une fabulation. Partant de la conception du mythe selon Marc-Mathieu Munch, Jean Ehret en arrive à établir la cohérence littéraire qui aboutira plus tard à la cohérence biblique mieux, la relation très étroite entre le mythe biblique et la littérature. Somme toute, Jean Ehret part de l'antagonisme entre *Bible* et mythe pour aboutir à la cohérence. *Aux origines de l' « effet de vie » littéraire : Prolégomènes à l'archéologie d'un invariant artistique* et *Mythe, effet de vie et valeur : le cas des images de Patrice Lumumba* parus respectivement sous la plume de François Guiyoba et Pierre Halen. Le dernier, dans son travail, aborde la notion de mythe dans une acception particulière avec la figure historique, emblématique et mythique (selon l'auteur) du regretté congolais Patrice Lumumba. Avec l'auteur, on comprend que la figure immortelle de cet africain peut être, dans une situation comme dans une autre, et pour certains, une raison, un signe de paix ou une figure qui pousse à la rébellion car pour ceux là, il s'agit d'un personnage ignoble. Dans cette lancée, Patrice Lumumba s'érige en mythe.

François Guiyoba, dans son intervention, expose clairement que « trois strates apparaissent dans les fouilles de l' « effet de vie » littéraire, à savoir les strates psychologique, mythologique et épistémologique »[8]. Avec l'épistémologie de la littérature, l'auteur démontre que les différentes approches de la littérature comme l'approche phénoménologique, où l'art littéraire confère le pouvoir divin à l'écrivain, sont en quelque sorte de grands manifestes de l'émotion esthétique, l'effet de vie. Tout comme le signifié patent et le signifié latent permettent de faire le fossé entre le « pôle d'intégration » et le « pôle de subversion » pour parler comme Paul Ricœur[9], c'est aussi de cette manière qu'il faut faire le distinguo entre le sens littéral de l'œuvre et son sens littéraire ou la symbolique de l'œuvre, vectrice d'effet de vie car c'est là où l'artiste écrivain donne tout le pouvoir à son texte pour subjuguer le lecteur ; inscrivant ainsi son livre dans la liste des œuvres dites réussies. En tout état de cause, l'art littéraire produit un effet de vie dans la psyché alors que les mythes en produisent dans la réalité, la vie sociale.

En 2009, dans la collection « l'univers esthétique »[10] dirigée par Véronique Alexandre Journeau. On assiste à l'application de la théorie générale de l'effet de vie à la musique. Dans l'article intitulé : *L'application de la théorie générale de l'effet de vie comme invariant universel à la musique*, Marc-Mathieu Munch montre que l'effet de vie ne s'arrête d'ailleurs pas à l'esprit ; il se prolonge dans le corps au point que beaucoup de musiciens ont le sentiment que tout leur est habité par ce « plus que les notes »[11] de musique. Selon Marc-Mathieu Munch : « Tout se passe comme si les sons, une fois entrés dans l'esprit par l'ouïe et par le sens des formes qui les analysent, avaient le pouvoir

---

[8] F. Guiyoba, « Aux origines de l' « effet de vie » littéraire : Prolégomènes à l'archéologie d'un invariant artistique » in F. Guiyoba et P. Halen, *Mythes et effet de vie littéraire. Une discussion autour du concept d' « effet de vie » de Marc- Mathieu Munch. Op.cit.*
[9] P. Ricœur, *Essais d'herméneutique*. Paris, Seuil, 1986, P.391.
[10] *Musique et effet de vie*, coll. « l'univers esthétique », sous la direction de Véronique Alexandre Journeau, Paris, L'harmattan, 2009.
[11] L'effet produit par les notes de musique et qui prend tout l'être, tout l'esprit et le corps.

supplémentaire de se propager en écho dans les autres facultés »[12]. Ainsi pour l'auteur, dans cette effusion d'effet de vie par les notes de musique, les sons parlent à l'esprit de lui même et lui parlent aussi de la nature. La conférence donnée à l'université de Kyoto mardi le 06 juillet 2010 nous a également permis d'explorer la théorie de l'effet de vie à travers l'article : *La théorie de l'effet de vie en littérature comme synthèse du pluriel du beau et du singulier de l'art*. Le créateur de l'effet de vie y a démontré les deux conditions préalables qui sous tendent la théorie de l'effet de vie : la nécessité d'une unité sous la diversité du genre humain et la nécessité d'un invariant qui justifie l'utilisation du mot *art* malgré la diversité des œuvres. Ces deux conditions sont considérées comme les deux versants de la question qui consiste à se demander comment penser ensemble le pluriel et le singulier dans la production artistique. À cet effet, Munch a mis en relief les caractéristiques de l'émotion esthétique à savoir : Sidération et entrainement c'est-à-dire une nouvelle vie qui se crée dans l'esprit du lecteur à la rencontre d'une œuvre d'art.

Marc-Mathieu Munch nous fait aussi déceler les six corollaires de cette idée qu'on peut résumer en trois : 1) utilisation des mots comme objets sensuels ; 2) l'exigence de forme ; 3) le déplacement des matériaux pour l'invention de techniques spéciales exploitant l'association de plusieurs facultés (images, figures de rhétorique etc.) Et enfin, il existe un singulier de l'art et un pluriel du beau.

Dans la même optique de notre revue de la littérature, nous avons exploré le second ouvrage de la collection « l'univers esthétique » paru le 08 décembre 2010 sous la direction de Véronique Alexandre Journeau. Dans *Art, langue et*

---

[12] M-M. Munch, « L'application de la théorie générale de l'effet de vie comme invariant universel à la musique » in *Musique et effet de vie* (sous la direction de Véronique Alexandre Journeau, coll. « L'univers esthétique »), Paris, L'harmattan, 2009.

cohérence[13], il s'agit de la continuité de l'étude sur la théorie de l'effet de vie mais beaucoup plus axée sur la cohérence d'une œuvre d'art. Cet invariant est une fois de plus défini par son créateur. Selon ce dernier « l'esprit humain a naturellement tendance à chercher l'ordre et à fuir le chaos »[14].

Partant de cette réflexion, il se pose un certain nombre de questions : Comment la cohérence est-elle perçue par le récepteur ? Ici, le collège des auteurs de cet ouvrage, et singulièrement Munch, cherche à savoir si la cohérence est un invariant nécessaire dans les différents arts et civilisations. Ainsi, abordent-ils la question selon divers points de vue et divers aspects ; de l'occident à la Chine, et le temps, de l'ancien au contemporain.

À l'issue de cet état du cadre théorique, une réflexion sur la dichotomie effet de vie littéraire et effet de vie mythique qu'a opérée Marc-Mathieu Munch nous a permis de déceler notre question de recherche en rapport avec la Bible. En effet, au regard de la potée littéraire et mythique de la Bible, n'y a-t-il pas lieu d'y voir une coexistence des effets de vie littéraire et mythique ? A cette préoccupation de majeure de notre travail, se greffent les questions suivantes :

- Quelle est la portée d'un mythe ?
- Qu'est-ce que la bible ?
- Qu'entend-on par effet de vie littéraire et effet de vie mythique ?
- Dans quelle mesure les deux types peuvent-ils cohabiter dans la Bible ?

En guise d'hypothèse générale, nous posons que les deux types d'effets de vie à savoir : l'effet de vie littéraire et l'effet de vie mythique coexistent dans la Bible. La présence de ces deux effets de vie justifie sa double dimension : une œuvre littéraire et en même temps un livre sacré mythique. Ce point général nous permet de structurer nos hypothèses mineures:

---
[13] *Art, langue et cohérence*, coll. « L'univers esthétique », (sous la direction de Véronique Alexandre Journeau), Paris, L'harmattan, 2010.
[14] *Ibidem*.

HR1) Le mythe est un récit fabuleux significatif et efficace qui se veut explicatif et fondateur d'une pratique sociale. Selon M. Eliade « Le mythe raconte une histoire sacrée ; il relate un événement qui a eu lieu dans le temps primordial, le temps fabuleux des « commencements »[15]. Dans la conception la plus ancienne et même actuelle, le mythe a plusieurs traits caractéristiques qui permettent à l'être humain de comprendre l'évolution du monde et de mieux appréhender les lois de la vie. Ainsi, le mythe brille par son caractère atemporel schématique, fabuleux et significatif.

Dans la conception mythocritique de la littérature, le mythe est la source, le creuset de toute littérature, tout texte, toute œuvre. La création littéraire serait donc la réécriture d'une écriture. Le monde littéraire ne serait donc que la réactualisation du monde mythique de Zeus, Prométhée, Antigone, Phèdre, Œdipe et que savons-nous encore.

HR2) La *Bible*, classée parmi les œuvres de la littérature universelle, est traversée par un nombre considérable d'histoires ou d'évangiles qui retracent la vie des « pré-Jésus-Christ » c'est-t-à dire l'ancien testament et l'époque de Jésus proprement dite, le nouveau testament. La *Bible* est donc un récit de réalités mythiques et en même temps une œuvre littéraire.

HR3) L'effet de vie littéraire est un effet de surprise, la réaction du lecteur-auditeur-spectateur à la rencontre d'une œuvre d'art réussie. C'est un effet de vie qui s'opère dans la psyché du récepteur, créant ainsi une « vie artificielle » avec de nouveaux lieux, de nouveaux espaces exclusivement psychiques ou virtuels. En clair, l'effet de vie littéraire est un rêve, une projection psychique ; un voyage virtuel que subit machinalement le lecteur d'une œuvre d'art réussie. Si l'effet de vie littéraire ne s'opère que dans la psyché du lecteur-auditeur-spectateur, l'effet de vie produit par les mythes est

---
[15] M. Eliade, *Aspects du mythe,* Paris, Gallimard, 2002, p.16.

réel. C'est un effet qui quitte la psyché pour donner un sens à la vie réelle, individuelle et sociale. Il explique les phénomènes socioculturels car il s'agit d'une influence mythique.

HR4) La Bible apparait d'emblée comme une des œuvres de la littérature universelle. Par ailleurs, elle symbolise l'itinéraire de Jésus Christ, la foi chrétienne. Partant de ces deux dimensions, elle suscite un double effet de vie chez le lecteur/prêcheur car elle est un recueil de mythes qui donnent une explication au monde comme l'affirme Marc-Mathieu Munch : «(…) les mythes visent à créer un effet de vie heureuse dans la vie réelle individuelle et sociale »[16]. L'effet de vie littéraire et l'effet de vie mythique coexistent dans la Bible parce qu'elle couvre à la fois le littéraire et le mythique.

Pour vérifier nos hypothèses de travail, nous aurons recours aux outils suivants: la mythanalyse ou la mythocritique de François Guiyoba s'inspirant de la méthode de Gilbert Durand, l'esthétique munchéenne ou la théorie de l'effet de vie.

---

[16] *Ibidem.*

CHAPITRE 1
LE MYTHE ET L'IMAGINAIRE

Chaque peuple, chaque société repose sur un socle mythique, fut-il chrétien, coranique, historique ou encore philosophique. Nous pouvons expliquer le malheur qui sévit séculairement dans l'humanité par la fameuse « boite de pandore » ouverte par Pandora dans le mythe grecque ; ou par la désobéissance d'Adam et Eve à Dieu dans le mythe chrétien. Nous vivons dans l'état de culture aujourd'hui parce que nous sommes, selon le mythe philosophique, la négation même de l'état de nature de Thomas Hobbes et Jean Jacques Rousseau. « Nous vénérons Racine, soutient Armand Amougou Ndoh, pour son Phèdre, son Iphigénie, son Andromaque ; Lecomte de Lisle, pour ses poèmes antiques, Giraudoux, pour Amphitryon38 ; *Anouilh*, son Antigone, et les autres… C'est justifié, en même temps qu'injuste, car nous vénérons ses (sic) saints, ignorant Dieu même : le mythe grec, inspirateur »[17]. Autant de considérations qui font que l'on s'interroge sur la notion de *mythe*. Nous tenterons, dans ce chapitre, d'épuiser, autant que possible, toutes les entrées définitionnelles du mythe ; définir la notion d'archétype comme support initial de tout imaginaire ; donner les fonctions, les caractéristiques et la typologie des mythes en nous servant de la mythocritique et de la mythanalyse comme outils d'analyse.

I. Définition et fonctions du mythe

I.1. Définitions

« Au commencement était la parole ». Ce verset liminaire du chapitre liminaire de l'évangile selon Saint Jean nous introduit justement dans l'étymologie du mot *mythe*. En effet, le mot vient du grec *muthos* « parole » puis « récit », au commencement, le mythe est donc parole, récit. Une parole de vie, une parole sur la vie, sur le monde, les hommes, toutes réalités existentielles tenant des temps immémoriaux qui donne un sens, une explication au monde. Le

---

[17] A. Amougou Ndoh, *Zeus*, Yaoundé, Ed. Aujourd'hui, 2006, p.18, 19.

mythe désigne selon Pierre Grimal, « un récit se référant à un ordre du monde antérieur à l'ordre actuel et destiné non pas à expliquer une particularité locale et limitée (…) mais une loi organique de la nature des choses »[18]. Le mythe est un récit fabuleux qui met en œuvre des êtres surnaturels et donne une dimension sacrée aux événements.

Toute société, nous l'avons dit, repose sur une réalité mythique, efficace et significative c'est pourquoi Marc Mathieu Munch le définit simplement comme : « un récit fabuleux significatif et efficace »[19].

Le mythe permet à chaque communauté de donner une explication à son histoire, c'est en cela qu'il est significatif. Dans la tradition chrétienne, le mythe de la création du monde contenu dans le livre de Genèse, permet à tout Chrétien de comprendre l'origine du monde : « Au commencement, Dieu créa le ciel et la terre »[20]. Dans la Grèce antique, l'on expliquait la création de l'univers par la naissance des premières divinités : Gaia et Ouranos[21] qui représentent respectivement la terre et le ciel.

Dans une autre acception, et dans l'expression « mythe moderne » que nous empruntons à Roland Barthes[22], le mythe désigne les grands symboles de la culture ou de l'idéologie de la bourgeoisie contemporaine. Au nombre de ces mythes, figurent, le réfrigérateur (l'homme à travers ce dernier donne l'impression qu'il est un dieu pouvant fabriquer le froid), l'internet (il nous donne l'impression d'oblitérer l'existence dans le temps et dans l'espace), l'avion (réduit des distances) ; le téléphone (ce que nous entendons n'est pas la

---

[18] P.Grimal, *Dictionnaire de la mythologie grecque et romaine*, Paris, PUF, 1991.
[19] M-M. Munch, « Le mythe et la littérature deux effets de vie parallèles mais spécifiques » in F. Guiyoba et P. Halen, *Mythe et effet de vie littéraire : une discussion autour du concept d' « effet **de vie** » de Marc-Mathieu Munch*, Strasbourg, Le portique, 2008.
[20] Sainte Bible ; *Genèse 2.*
[21] Dans la mythologie grecque, ils représentent les premiers habitants de l'univers. Dans la tradition de Jean Pierre Vernant, Gaia est la mère terre couverte par Ouranos, le ciel qui l'accable de maternités incessantes qui seront à l'origine du grand qui va de Cronos « libérateur de sa mère » jusqu'à Zeus le tout puissant.
[22] R. Barthes, *Mythologies*. Paris, Seuil, coll. « points », 1957, réimprimé. 2003,233p.

voix de la personne qui parle c'est un son qui fait illusion de voix), le téléviseur. Ce sont des mythes dans la mesure où ils nous donnent l'illusion de puissance.

En effet, dans cette acception du mythe, il s'agit de conférer une valeur mythique à toute unité ou toute réalité significative, car selon Roland Barthes, « le mythe est une parole » et entant que tel, il signifie ; il est mode de signification, une forme. Puisque le mythe est une parole, tout peut donc être mythe, qui est justiciable d'un discours. L'univers est infiniment constitué des éléments suggestifs ; ce qui fait que chaque objet du monde peut passer d'une existence fermée, muette, à un état orale, ouvert à l'appropriation de la société. C'est ainsi qu'un arbre peut cesser d'être un simple arbre pour signifié autre chose ; et puisqu'il signifie déjà autre chose que ce qu'il signifie originellement, cet arbre devient un mythe.

On peut le voir dans certaines sociétés Bantou et plus précisément chez les Béti, ou l'arbre appelé **Doum** cesse, parfois, d'être un simple arbre comme l'eucalyptus et autre, mais devient un arbre qui connote, signifie refuge des sorciers. En sorte que lorsqu'on voit cet arbre, on pense aux sorciers et par là, l'arbre *Doum* devient un mythe puisqu'il signifie. Il est devenu parole, il véhicule un message, ce qui justifie ces propos de Roland Barthes : « le mythe est système de communication, c'est un message »[23]. On peut aussi le voir avec le serpent dans le mythe chrétien. Depuis la naissance de l'ancien testament, le serpent ne désigne plus une simple espèce de reptile mais une espèce dangereuse, mortelle qui établie l'inimitié entre elle même et l'homme.

Ainsi pour Barthes, une image, une photographie peut désigner les grands symboles ou l'idéologie de la bourgeoisie relevant d'une signification, d'un discours, une parole et par là « le mythe, selon Roland Barthes, relève d'une science générale extensive à la linguistique, et qui est la sémiologie. (…).On

---
[23] Roland Barthes, *Mythologies*, Paris, Seuil, 1957, p. 193.

entendra donc ici, désormais par langage, discours, parole, etc. toute synthèse significative qu'elle soit verbale ou visuelle »[24].

Partant de ces considérations on peut appréhender le mythe comme système sémiologique car il postule un rapport entre deux termes, un signifiant et un signifié. C'est le cas d'une image, un panneau publicitaire une photographie un rite ou une phrase. Le mythe est conçu dans le schéma tridimensionnel : signifiant signifié et signe. L'écriture et l'image sont toutes deux des signes ; elles sont toutes deux douées de la même fonction significative.

Nous pouvons ainsi expliciter l'exemple relatif à l'arbre chez les Bantou par un schéma pour mieux appréhender le système sémiologique du mythe.

Schéma 1

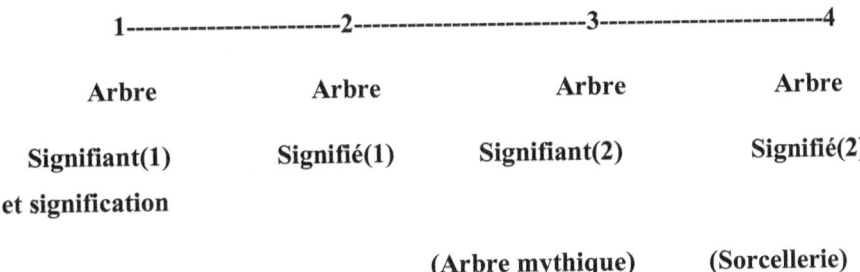

Avec ce schéma, on comprend, avec l'auteur du *Degré zéro de l'écriture*[25], qu'il ya dans le mythe, deux systèmes sémiologiques dont l'un est « déboité » par rapport à l'autre : un système linguistique, la langue(où les modes de représentation qui lui sont assimilées) que Barthes appelle « langage-objet » parce qu'il est le langage dont se saisit le mythe pour construire son

---
[24] *Ibidem*, p. 195.
[25] R. Barthes, *Degré zéro de l'écriture*, Paris, Seuil, 1972.

propre système ; et le mythe lui-même, qu'il appelle « méta- langage » parce qu'il est une seconde langue dans laquelle on parle de la première.

Pour crédibiliser notre premier schéma ci-dessus, nous pouvons convoquer celui de Roland Barthes ci-après :

Schéma 2

Langage

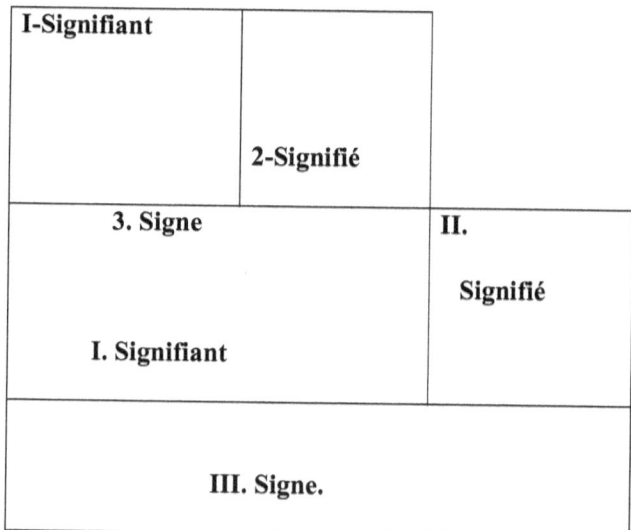

Mythe

En tout état de cause, nous pouvons affirmer avec Barthes que, « c'est l'histoire humaine qui fait passer le réel à l'état de la parole, c'est elle et elle seule qui règle la vie et la mort du langage mythique »[26]. Cette conception du mythe sous le prisme de la modernité, dépasse la conception triviale d'antan.

---

[26] R. Barthes, *Mythologie, op. cit.*, P.194.

En une dernière acception qui ressortit à la psychocritique de Charles Mauron : *Le mythe personnel* d'un auteur réfère à la représentation plus ou moins consciente de l'idéal du monde par cet auteur. C'est à ce mythe personnel que renvoie souvent les expressions de vision du monde et l'idéologie de l'auteur. Tous ces mythes se recoupent dans la mesure où ils sont traversés par une constante à savoir l'idée de rêve ou d'un idéal à atteindre.

Le mythe, somme toute, est un récit fabriqué/ inventé mettant en scène des dieux, des demi-dieux et des hommes exceptionnels ; c'est un récit venant de Dieu, peut-on dire, et prétendant à une vérité supérieure à la vérité historique. Un état de chose qui laisse voir toute la portée, la valeur ou la fonction d'un mythe d'un mythe.

I.2. Les fonctions du mythe

Chaque mythe contient des éléments constitutifs et une valeur symbolique. À cet effet, le mythe peut exercer des fonctions religieuse, sociale et esthétique.

En effet, en exerçant la fonction religieuse, le mythe détermine les relations entre l'homme et le sacré. Avec le mythe d'Adam et Eve et la chute du paradis, l'on répond aux interrogations de la création. Le récit sacré du péché d'Adam et Eve explique à l'homme son caractère non plus immortel mais mortel à cause de la transgression des interdits du Dieu créateur : « L'Eternel Dieu donna cet ordre à l'homme : tu pourras manger de tous les arbres du jardin mais tu ne mangeras pas de l'arbre de la connaissance du bien et du mal, car le jour où tu en mangeras tu mourras »[27]. Ici est résumée toute l'histoire du statut de l'être humain, son existence.

Cette fonction religieuse n'est pas sans rapport avec la dimension sociale du mythe.

---
[27] Sainte Bible ; *Genèse* 2 :16 ; 17.

En effet, la portée sociale du mythe permet d'assurer la cohésion d'un groupe sociale donné car chaque mythe est un récit qui se veut explicatif et fondateur d'une pratique sociale. Avec la mythanalyse, nous allons dégager la porté sociale du mythe car selon Claude Lévi-Strauss :

> *Les mythes nous apprennent beaucoup sur les sociétés dont ils proviennent, ils nous aident à exposer les ressorts intimes de leur fonctionnement, éclairent la raison d'être de certains modes d'opération de l'esprit humain, si constants au cours des siècles et si généralement répandus sur d'immenses espaces, qu'on peut les tenir pour fondamentaux et chercher à les retrouver dans d'autres sociétés et dans les domaines de la vie mentale où on soupçonnait, et dont, à son tour, la nature se trouvera éclairée[28].*

Dans la mythologie grecque, Pandora est à la source de la dichotomie sociale bonheur/malheur ; bien/mal avec l'ouverture de la boite que, malicieusement, lui a donné le roi Zeus. La naissance de la ville de Rome tient par rapport au sens social que l'on donne au récit mythique de Romulus : Parvenu à l'âge adulte, Romulus fonde la ville de Rome après avoir tué son frère. On peut également le voir avec le mythe de Pénélope qui, pendant l'absence de son mari lors des dures épreuves de la guerre de Troie, a su subtilement « déjoué » les multiples demandes en mariage de ses prétendants. Pénélope est donc la figure symbolique de la fidélité conjugale pour toute société qui adopte ce mythe. Ainsi remarque-t-on que le mythe assume une fonction sociale ; il donne à la société, au monde, une explication, un sens tributaire des temps immémoriaux. « La nature entière, chez les anciens, écrivent Claude Pouzadoux et Frédérick Mansot, était en relation avec les puissances divines. Les fleuves, les forêts étaient habités par des nymphes que les hommes respectaient à l'égal des dieux »[29]. Dans cette société, chaque dieu,

---
[28] C. Lévi-Strauss, *L'homme nu*, Paris, 1971, p.571.
[29] C. Pouzadoux et F. Mansot, *Contes et légendes de la mythologie grecque*, Paris, Nathan, 1994.

chaque déesse avait ses attributs, son domaine d'influence comme on peut sommairement l'observer dans ce Tableau :

Dieux et déesses	Attributs	Domaines d'influence
Zeus	Foudre	Le ciel, la justice
Poséidon	Trident	La mer
Apollon	Lyre, laurier, arc, cygne	La poésie, la musique
Arès	Armes	La guerre
Héphaïstos	Marteau	Le travail des métaux
Hermès	Caducée, pieds ailés	Les messages, les ruses
Dionysos	Thyrse	Le théâtre, le vin
Héra	Paon	Le mariage
Aphrodite	Miroir	L'amour
Athéna	Armes, égide	Les arts et les techniques
Artémis	Arc, biche	La chasse
Déméter	Epi de blé	L'agriculture

Ce tableau est loin d'être exhaustif ; aussi peut-on en faire de même pour la tradition romaine chinoise, égyptienne ou africaine en général. Ainsi, chaque peuple s'identifie à l'héritage culturel mythique de générations en générations comme l'écrit Jean Pierre Venant : « Le mythe n'est vivant que s'il est encore raconté de générations en générations dans le cours de l'existence quotidienne »[30]. Il n'y a donc pas de domaine, dans la société, que le mythe ne touche et retouche, il va même jusqu'à l'esthétique littéraire.

Aussi le mythe assume-t-il la fonction esthétique ou littéraire car il contribue à la poésie et à la beauté d'un texte littéraire en *stimulant* l'imagination créatrice. Dans une perspective mythocritique en littérature, tout

---

[30] J.P. Vernant, *L'univers, les dieux, les hommes*, Paris, Éd. seuil, 1999.

texte recèle un substrat mythique qui alimente le sujet traité, l'imagination de l'auteur. Nous n'allons plus citer Phèdre de Racine, Antigone de Jean Anouilh ou les poèmes *La colère de Samson, Le mont des oliviers* d'Alfred de Vigny. Autant de textes, et bien d'autres encore, qui retracent, au gré de l'imagination créatrice de leurs auteurs, le monde mythique. C'est ainsi qu'Orphée devient le prince des poètes comme les neuf filles de Zeus, les muses sont des divines chanteuses qui procurent de l'inspiration aux poètes.

Le siècle de Pierre de Ronsard et Joachim Du Bellay, le seizième siècle, est le siècle de la renaissance parce qu'il tient sa renaissance de son souci de retracer les valeurs de l'antiquité gréco-romaine. Toute la littérature du seizième siècle est donc le reflet de la Rome et de la Grèce antique. Ce qui fait de cette époque, l'une des époques les plus poétiques sinon la plus poétique.

En parcourant de fond en comble les tragédies de Sénèque et d'Euripide dans l'antiquité gréco-latine, on décèle un fond mythique considérable ; que ce soit *Phèdre* (Sénèque) ou *Andromaque* (Euripide). En utilisant la méthode mythocritique que préconise Gilbert Durand, l'on peut s'offrir le plaisir de relever des mythèmes ou les motifs redondants qui témoignent de la richesse en substrat mythiques de ces pièces. Ainsi, dans *Andromaque* d'Euripide, l'héroïne vient de perdre son mari, Hector et est contrainte d'être la maitresse de Pyrrhus. Le mythème nous plonge sans doute dans le mythe d'Œdipe. En effet, Andromaque tout comme Jocaste est contrainte d'épouser le meurtrier de son mari. Il en va de même pour *Phèdre* de Sénèque où l'idée de suicide du personnage central nous met au cœur du mythe d'Œdipe où Jocaste se donne la mort. (Bien que les raisons ne soient pas identiques.)

Le mythe est donc, pourrait-on dire, le creuset, le miroir de toute pratique sociale et la source dans laquelle s'abreuve toute l'imagination créatrice littéraire depuis les temps anciens jusqu'à nos jours.

II. Typologie et aspects du mythe

II.1. Typologie

La typologie des mythes est liée à leur pouvoir, leur effet dans la société. D'une aire géographique à une autre, d'un pays à un autre, les mythes symbolisent les mêmes réalités ; à la seule différence qu'ils n'ont pas toujours la même structure ou la même formulation. Il va de soi que chaque peuple, chaque société, dans sa mythologie, possède par exemple le mythe cosmogonique ou le mythe étiologique ; mais tous les peuples n'en font pas le même récit. C'est ainsi que dans la tradition grecque, le mythe de la création met en scène Ouranos (ciel) et Gaia (terre) alors qu'avec la tradition judéo chrétienne, on nous présente le ciel et la terre, les fleuves, l'homme poussière au départ et ensuite la femme qui est née de sa côte.

Les mythes d'une même catégorie vont donc changeant d'un lieu à un autre mais chaque mythe appartient, du moins, à une typologie selon le classement ci-après :

II.1.1. Le mythe cosmogonique

On l'appelle aussi mythe spéculatif ou mythe symbolique. C'est un récit à caractère divin par lequel les hommes s'expliquent l'origine et l'organisation du monde ou du cosmos ainsi que la structure sociale du monde des hommes.

En effet, c'est un récit qui remonte à des temps immémoriaux et dont l'histoire se déroule dans un passé indéterminé. Pour mieux appréhender le mythe cosmogonique, revenons sur le récit de la création dans la mythologie grecque.

Au commencement étaient la mère Gaïa (terre) et le père Ouranos (Ciel). Les deux étaient unis par l'ordre naturel des choses ; ils vivaient en harmonie parfaite. Terre, comme d'habitude était couverte par Ciel : l'on n'imaginait pas qu'il puisse survenir un problème. Pourtant, Gaïa, la mère-terre, commençait à en avoir marre du recouvrement éternel de ciel qui est toujours suspendu là haut et qui contrôle tout quand il ne descend pas chaque nuit pour lui infliger le devoir conjugal.

Le feu allait bientôt être mis aux poudres : Gaïa décriait les maternités incessantes que lui imposait son mari ciel (Ouranos). Il était de ces dieux qui pensaient que le devoir conjugal était quotidien ; Gaïa était fatiguée de cette façon de faire. De leur union naquirent trois générations d'êtres et de montres : en premier lieu, ils eurent les six titans et leurs sœurs, les six titanides, ensuite une première catégorie de montres ayant cent bras appelés Hécantonchires et enfin les cyclopes dont la laideur repoussante indignait la vue de leur père. Avec un seul œil au milieu du front, les cyclopes étaient d'une laideur légendaire ; et par conséquent Ouranos décida de les envoyer vivre au fond de la terre, car selon lui, ils ne méritaient pas la lumière du jour et la vue humaine. C'est la goutte d'eau qui va donc déborder le vase car la mère Gaïa est prise de colère, il s'agit de ses enfants et aussi, les envoyer vivre au fond de la terre, c'est les envoyer vivre dans son ventre, chose qu'elle ne peut supporter. Pour mettre fin à cela, elle ne reçut que la réponse favorable du benjamin des titans, Cronos, il allait bientôt faire parler de lui-même.

Gaïa et son fils Cronos formèrent le dessein de détrôner Ouranos, mettre fin à son pouvoir excessif. C'était la nuit et comme à l'accoutumé, le dieu Ouranos descendit pour accomplir son devoir conjugal au moment où le jeune titan se dissimula dans la chambre de ces parents avec la connivence de sa mère pour trancher les bourses de Ouranos à l'aide d'une serpe tendue par maman. Les bourses tombèrent et le pouvoir du premier roi de l'univers marqua ainsi son terme. Cronos s'autoproclama roi, le deuxième de l'univers.

À la prise de pouvoir par son fils, la mère Gaïa espérait que le jeune roi allait sortir ses frères cyclopes du Tartare, mais il ne se préoccupait pas de cela ; il régentait l'univers à sa guise au grand mépris même de sa mère. Résultat ! Gaïa lui lança les imprécations de se voir détrôné par un de ces fils comme il a lui- même fait à son père Cronos avait pris pour épouse sa sœur Rhéa, une des titanides. Craignant les souhaits de malheur de sa mère, il entreprit d'avaler tous ses enfants à la naissance de peur de voir s'accomplir la prophétie qui annonçait sa chute. Rhéa décontenancée de voir tous ses enfants engloutis à la naissance par leur père, alla demander conseil à ses beaux-parents Ouranos déchu et Gaïa. Le sixième enfant naquit et Rhéa fit scrupuleusement ce que lui avaient recommandé ses beaux-parents : emballer un rocher et le servir à son mari ; chose faite, Zeus vit ainsi le jour dans le secret. Il est nourri au lait de la chèvre et en sécurité chez les nymphes.

De Zeus à Prométhée il y eut beaucoup d'autres évènements dont nous faisons abstraction ici. Car nous n'allons pas reprendre in-extenso les combats de Zeus, ses multiples conquêtes amoureuses ou encore son histoire avec Prométhée, le fils du titan Japet qui était allé dérober le feu pour sauver l'espace humaine délaissée.

Ainsi, d'Ouranos à Zeus en passant par Cronos, on voit bien la création de l'univers selon la mythologie grecque ; et nous pouvons schématiser cet arbre généalogique de la manière suivante :

Tableau n° 1 : Ascendance de Zeus

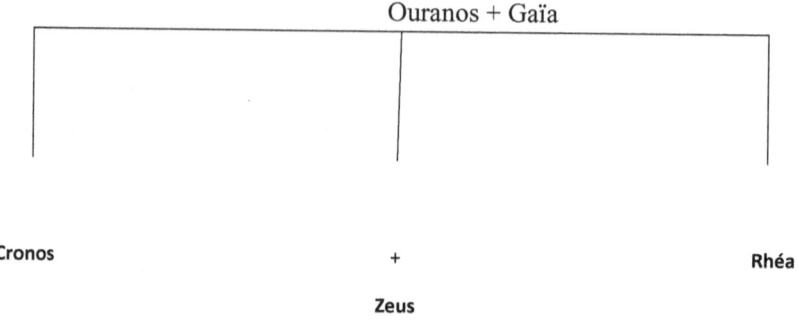

Tableau n° 2 : Frères et sœurs de Zeus

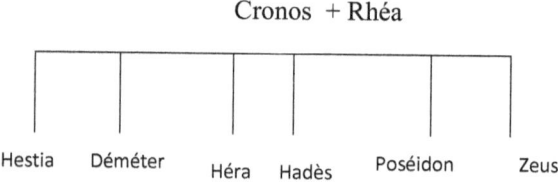

Nous notons que ce modèle de mythe symbolique peut s'observer dans les autres mythologies : africaine, américaine, japonaise ; nous avons pris l'exemple de la mythologie la plus connue. Ainsi pouvait-on aussi élaborer le même schéma pour le mythe de la création dans la mythologie chrétienne.

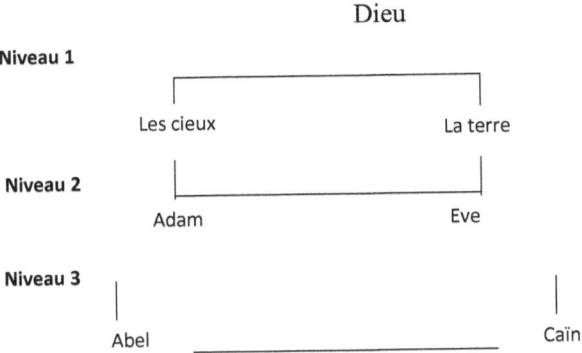

Ce type de mythes peut se décliner en mythe culturel quand sa pratique devient une sorte de prière. C'est le cas des saintes écritures où les mythes ont, a priori, une dimension sacrée ; ils peuvent être des prières que tout chrétien exploite pour implorer le salut de Dieu le Père. Le mythe de la création contenu dans le livre de la Genèse est un mythe dont peut se servir un homme pour appeler Dieu. Ainsi pourrait-on avoir des formulations de prières telles : « Seigneur tu as crée le ciel et la terre ; l'homme à ton image ; tu as dit que la femme et l'homme ne feront qu'un seul corps, daigne Mon Dieu nous… » Ici, le mythe de la création a pris la connotation d'une prière.

Au nombre des mythes spéculatifs, peut aussi figurer le mythe de Sisyphe, il explique un aspect des activités de l'homme, il explique pourquoi l'homme doit toujours travailler. Ce mythe met aussi en exergue, l'absurdité « originelle » du monde qui voudrait que l'effort humain, ce dur labeur de l'homme, soit assidu et que le plaisir de l'homme en soit subordonné : c'est absurde car selon Albert Camus, « il faut imaginer Sisyphe heureux ».

En clair, le mythe symbolique est un mythe d'explication, explication de la nature du cosmos, explication de la vie et des réalités de ce cosmos d'où le mythe étiologique.

II.1.2. Le mythe étiologique et la légende héroïque

Chaque communauté, chaque groupement humain tire son existence, son histoire, de certaines pratiques culturelles qui ont façonné sa culture au fil du temps. Le mythe étiologique explique en effet, certains rites et sacrifices qui ont cours dans une communauté donnée. Dans les sociétés africaines, on dénombre, de part et d'autres, un certain nombre de pratiques rituelles qui justifient et symbolisent la vie, l'origine de ces sociétés. Le mythe étant la réalité par laquelle le monde trouve ou justifie son histoire et sa raison d'être, on comprend pourquoi ce genre de pratiques mythiques prend parfois les allures de pratiques divines.

C'est le cas de la « Tabaski » chez les musulmans qui consiste en l'immolation des moutons pour renouer leur alliance avec le Divin. Et lorsqu'on parcourt la Bible ou le Coran, on retrouve des récits qui préconisent le sacrifice. Le mythe étiologique est donc étroitement avec le socle culturel et rituel de chaque peuple justifiant ainsi son organisation socioculturelle et même religieuse.

Quant à la légende héroïque, il s'agit d'un mythe fondé sur un évènement réel qui, avec le temps, a engendré des éléments ressortissant au mythe stricto sensu à savoir le merveilleux, le caractère épique des actions ainsi que des personnages à la stature physique et moral hors du commun. Au nombre des légendes héroïques figurent des chansons de geste/ la geste de Charlemagne) et les épopées d'origine africaine comme celle de *Ndzana Nga Zogo et d'Angon mana*. On comprend pourquoi Marc Mathieu Munch définit le mythe comme un récit fabuleux significatif efficace.

II.1.3. Le mythe eschatologique

Il va de soi que l'existence du mythe cosmogonique appelle celle du mythe eschatologique car il n'ya jamais eu de début sans fin. Dans l'expérience humaine, ces deux entités riment. L'homme nait grandi et meurt tout comme le monde qui, selon certaines mythologies, connaîtra une fin.

Le mythe eschatologique décrit ainsi la fin du monde et le destin de l'homme après la mort. Il est en effet, une sorte de prédiction qui prend les allures d'unes prophétie annonçant l'apocalypse de l'univers. Pour le récit biblique d'Apocalypse, en effet, il s'agit de la « Révélation de Jésus Christ, que Dieu lui a donnée pour montrer à ses serviteurs les choses qui doivent arriver bientôt et qu'il a fait connaître, par l'envoi de son ange, à son serviteur Jean »[31].

On observe dans le récit eschatologique, une déchéance du mythe cosmogonique, il devient ainsi son opposé : c'est l'illustration contenue dans le récit eschatologique où toute la beauté de la création de la Genèse s'avère inutile. Un état de choses qui nous permet d'aborder, les aspects ou les caractéristiques d'un mythe. Dans sa définition du mythe, le professeur M.M. Munch évoque en filigrane ses aspects : atemporel, schématique, fabuleux et significatif.

Le mythe est schématique et atemporel parce qu'il signifie et se pratique, de générations en générations, en tout temps et en tout lieu, car le récit mythique ressortit à un temps divin, un temps qui est antérieur à l'humain, les temps immémoriaux. Ainsi pour Munch, « le sens d'un mythe n'est pas fixe». Par ailleurs, le mythe est efficace et significatif parce qu'il contient des

---

[31] *Apocalypse*, chapitre 1, 1.

significations qu'il faut savoir interpréter et qui peuvent évoluer selon les circonstances et selon les époques. L'efficacité du mythe tient de ce qu'il apporte au groupe humain qui l'adopte, des explications du monde tel qu'il va, des règles de comportement. Le mythe donne aux êtres humains une conception du monde, une identité et des lois.

En tout état de cause, le mythe fait intervenir tout l'humain et tout son effort pour améliorer sa condition ou au moins pour l'accepter. Mais nous voulons signaler que la question qui divise le plus les chercheurs est celle de la croyance ou de la foi aux mythes interpellant par conséquent la notion d'archétype.

III. La notion d'archétype

Nous ne saurions raisonnablement traiter du mythe sans évoquer la notion d' « archétype » dont la paternité revient à Carl Gustav Jung. Pour mieux comprendre la portée sociale ou historique d'un mythe, il faut, au préalable, rechercher son paradigme archétypal qui véhicule son contenu, son sens d'une aire culturelle à une autre.

Etymologiquement, le terme « archétype » vient du latin *archétypum* qui lui même vient du grec *archétypon* qui signifie « type primitif ». D'où la définition moderne de ce terme :

> *Concept psychanalytique forgé par Jung en vue d'identifier certains types originels de représentations symboliques de l'inconscient collectif. Les archétypes sont universels et apparaissent dans diverses cultures indépendantes les unes des autres. On les rencontre plus particulièrement dans les textes littéraires, les arts plastiques, les mythes religieux, les contes et dans tout ce qui relève de l'onirique ou du comportement social ritualisé ; ils sont donc comme le résidu psychique d'un faisceau d'expériences humaines inconscientes[32].*

Les archétypes se présentent donc comme les paradigmes primitifs des éléments constitutifs de générations en générations, d'une culture à une autre. L'archétype est pour la psychologie jungienne un processus psychique fondateur des cultures humaines ; car il renferme les modèles élémentaires de comportements et de représentations issus de l'expérience humaine à toutes les époques de l'histoire, en lien avec un autre concept jungien, celui d'*Inconscient collectif*. Les archétypes se caractérisent fondamentalement par le fait qu'ils unissent un symbole avec une émotion ; ce faisant, ils sont des « potentiels d'énergie psychique » constitutifs de toute activité humaine. Les archétypes sont ainsi, dans l'espace mental, des dépôts permanents d'expériences continuellement répétées au cours des générations conditionnant l'imaginaire et la représentation.

Dans les religions et cultures, les archétypes sont des réalités en soi, des dynamiques de l'inconscient pour lesquelles on peut y voir une certaine intentionnalité (une certaine volonté, à l'image de celle du moi). Il existe donc à côté de la conscience, des instances psychiques douées de certaines réalités naturelles bien que moins différenciées que celles de la conscience civilisatrice. Ainsi pour Carl Gustav Jung,

---

[32] H. Van Gorp et *al.*, *Dictionnaire des termes littéraires*, Paris, Honoré Champion, 2005, P.44.

Les archétypes sont donc doués d'une initiative propre et d'une énergie spécifique. Ils peuvent aussi, à la fois, fournir dans la forme symbolique qui leur est propre, une interprétation chargée de sens, et intervenant dans une situation donnée avec leurs propres impulsions et leurs propres pensées. À cet égard, ils fonctionnent comme des complexes. Ils vont et viennent à leur guise, et souvent, ils s'opposent à nos intentions conscientes ou les modifient de la façon la plus embarrassante. On peut percevoir l'énergie spécifique des archétypes lorsqu'on a l'occasion d'apprécier la fascination qu'ils exercent. Ils semblent jeter un sort[33].

Jung cite ainsi, comme archétypes récurrents dans ses recherches :

- Le Soi ou « archétype de la totalité » ;

- Le soleil comme « imago-Dei » ;

- L'enfant-divin ;

- La grande Mère ;

- L'ombre (la part inconnue de nous-mêmes) ;

- L'Anima (la part féminine de l'homme) et L'Animus (la part masculine de la femme) ;

- L'arbre de vie ;

- L'Androgyne (représentant la conjoncture d'opposés) ;

- Le Fripon divin ou tricksters, sorte de génie malicieux ;

- L'archétype de l'inceste et du complexe d'Œdipe entre autres.

Chacun est lui même décliné, selon les époques, cultures et mentalités, suivant d'innombrables variantes et symboles appelés motifs. Ainsi, les archétypes de l'enfant divin, de la naissance, du couple divin, du vieux sage, de l'unité, de l'arbre, de la croix, de la pierre philosophique par exemple renvoient tous à des images archétypiques plus fondamentales. La grande Mère peut être ainsi représentée par la sorcière ou la marâtre dans l'antiquité, par la fée du moyen âge, la muse, Gaia etc. L'anima est souvent chez l'homme protéiforme, sa manifestation dépendant de l'état psycho- affectif du sujet : femme-enfant,

---

[33] C.G. Jung, *Les types psychologiques*, traduction d'Yves Lelay, Paris, Georg, Genève et Albin Michel, 2ème édition, 1958.

mère, femme fatale, inspiratrice, sorcière, femme sauvage etc. font de l'archétype un concept kaléidoscope, que seule la méthode des amplifications de Jung permet d'en répéter la structure universelle. Par exemple, l'archétype de la femme en l'homme, l'anima, qui représente la fonction de régulation avec l'inconscient chez l'homme, peut se décliner en quatre niveaux de représentations caractéristique d'un état psychoaffectif :

1- Femme primitive par exemple Eve, les Vénus mais aussi les sirènes ou les femmes fatales ;
2- Femme d'action par exemple Jeanne D'arc, Diane la chasseresse, les amazones etc.
3- Femme de la sublimation comme la sainte Vierge des chrétiens, kalis chez les hindous, Isis ou la Déméter des grecs.
4- Femme sage telles la déesse mère, la Sophia des gnostiques, les initiatrices et les muses.

Nous pouvons convenir avec Carl Gustav Jung que tous les systèmes de pensée mais aussi les découvertes scientifiques sont sous l'influence des tendances archétypique. Ainsi, dans *Psychologie de l'enfant,* Jung prend l'exemple du médecin Julius Robert Von Mayer qui, au XIX siècle, formule la loi de la conservation de l'énergie qui selon lui en a eu l'intuition grâce à une vision archétypique.

III.1. Les principaux archétypes

Parmi les archétypes que le travail de Jung a pu mettre en lumière à travers l'étude des images alchimiques ou oniriques il est un archétype central : le soi

En se confrontant au *soi* à travers les symboles, le moi en fait une expérience intime ou tragique, car il représente une « défaite de l'égo ». Jung le définit comme un concept-limite, un espace virtuel endopsychique ; ce qui semblait auparavant être moi est recueilli dans quelque chose de plus vaste qui me dépasse et me domine de toute part. Le *soi* forme l'archétype de la totalité pour Jung, c'est-à-dire la dynamique qui pousse tout homme à s'accomplir et à devenir d'avantage lui-même, en intégrant tous les processus psychiques : anima, ombre, persona, et en dialoguant avec l'inconscient. Le *soi* réuni les opposés, source de conflit intérieur que les rêves tentent de compenser. Il s'agit d'un « véritable axe de croissance » du psychisme ; le point d'appui vers l'individuation d'un autre concept jungien central dans sa psychologie.

- **L'archétype de l'inconscient**

L'inconscient est une donnée fondamentale dans la représentation humaine. Comme matrice de toutes les images et l'inspiration à l'origine de l'humanité, il est particulièrement figuré. Depuis l'antiquité, Jung voit dans le dieu mercure (Hermès chez les grecs) l'image analogique de l'inconscient personnel. Cette image analogique de l'inconscient personnel représente cette substance psychique mystérieuse que nous désignons aujourd'hui du nom de psychique inconscient. Chaque état de ce dernier est figuré par mercure suivant des variantes empruntées aux allégories de l'alchimie. Nous mentionnerons seulement quelques une : le roi est en danger de se noyer dans la mer ou bien il est en prison, le soleil se noie dans la fontaine mercurielle, le roi transpire dans la maison des verres ; le lion vert englouti le soleil.

- **Anima et Animus**

Au cours de ses recherches, le psychiatre Jung remarque qu'il est important de souligner que les influences qu'exerce l'inconscient sur le conscient ont toujours les caractères du sexe opposé. Ainsi, l'homme possède dans sa psyché, une figure féminine, l'anima alors que la femme a elle, une figure de l'homme, l'animus. Personnifiant tous deux pour chaque sexe l'inconscient, il s'agit d'avantage de « fonction de relation ». Ces deux archétypes sont les plus représentés dans les cultures et religions de toutes les époques, à travers, par exemple, les figures de certains êtres dans la légende : Tristan et Iseult, la dame du lac dans la légende du graal, Andromède dans le mythe de Persée, Béatrice chez Dante, Marguerite dans le Faust de Goethe etc. La spécificité de ces deux archétypes est qu'ils sont projetés par des êtres du monde extérieur, leur opposition se trouve même, selon Jung, dans l'antagonisme entre la nature et l'esprit formant la base de tous les systèmes de pensée.

- **Ombre et Persona**

Deux autres archétypes personnels sont particulièrement figurés, l'ombre et la lumière. L'Ombre figure l'inconscient personnel à travers les motifs du double et de l'alter ego, somme des aspects de la personnalité refoulé ou ignoré, que l'éducation et la société ont refusés de mettre en valeur. L'Ombre est l'un des archétypes les plus accessibles à l'investigation, car directement en lien avec le caractère. Représentant souvent le mal dans les cultures, l'ombre est ce pendant la source d'un renouvellement de la personnalité, car la confrontation avec l'ombre, première phase de la thérapie Jungienne. En effet, ce que l'homme nomme les défauts tire souvent bien son origine de la nature de l'ombre qui est constitué des complexes inconscients. La « persona » (du grec ancien désignant le masque du comédien) est quand à lui l'archétype de la « façade sociale ». Plus précisément, il s'agit d'un compromis entre l'individu et la société. De la persona proviennent les besoins d'obéissance sociale, le mimétisme sociale ou encore la soumission aux normes parfois préjudiciables pour le développement de l'individu.

III.2. Caractéristiques de l'archétype

- **Le numineux**

L'archétype mobilise tant d'énergie psychique qu'il en exerce, comme les planètes dans l'espace gravitationnelle, compare Jung, une force d'attraction interne peut influencer le moi de manière durable. Tout archétype porte en lui, à travers son symbole, une charge émotionnelle qui peut dépasser et submerger la conscience provoquant des délires visionnaires ou des psychoses. Selon Jung ces personnalités sous influence caractérisent la spiritualité mystique, la folie, la peur que les auteurs disent avoir en face à une force supérieure. Ainsi pour C. G. Jung :

> *L'expérience archétypique est une expérience intense et bouleversante. Il nous est facile de parler aussi facilement des archétypes, mais se trouver réellement confronté à eux est une toute autre affaire. La différence est la même d'un lion et celui de devoir l'affronter. Affronter un lion constitue une expérience intense et effrayante, qui peut marquer durablement la personnalité[34].*

Cette puissance, caractéristique de l'archétype, que Jung nomme le « numen » teint chaque apparition de d'archétype dans sa forme la plus émotionnelle. C'est d'ailleurs ce qui différencie un symbole (un affect et sa représentation, sachant que celle-ci est toujours faite de deux opposés, que seul le symbole peut faire coexister en une même image) et un « signe », création humaine vide de sens spirituel. Le numen se retrouve dans toutes les manifestations de l'inconscient. Dans les rêves en premier lieu, où il indique des contenus oniriques d'importance, dans les visions et délires, les dessins, ou encore les mythes. Le symbole radiaire (qui irradie) de l'archétype de l'esprit est ainsi particulièrement explicatif. Le feu qui l'accompagne souvent représente la force émotionnelle dégagée par le symbole.

---

[34] C.G. Jung, *les types psychologiques*, traduction d'Yves Lelay, Paris, Georg, Genève et Albin Michel, 2ème édition, 1958.

Cette numinosité est telle qu'elle peut, dans le cas où le conscient est faible, envahir le champ du moi. Pour Jung, la psychose, contrairement à Freud, est marquée par l'inconscient collectif qui inonde la conscience et l'emplit de ses archétypes. Une psychose collective peut aussi exister : elle envahit alors tout un peuple qui, placée sous la fascination d'un archétype, se laisse guider ; on peut lier cela aux événements ayant conduit à l'avènement d'Hitler ou de dictateurs possédés par leur propre culte. Ainsi le XXe siècle se caractérise d'ailleurs par la force du numen dont l'intensité énergétique est telle qu'ils peuvent entrainer des phénomènes de fascination et de possession.

- **Des unificateurs**

Chez Jung, le symbole est une réunion imagée d'opposés inconciliables pour l'esprit ou en intellect, caractérisé par une charge affective. Le symbole formule donc un paradoxe vivant. Tous les archétypes sont ainsi des conjonctions d'opposés ; de là, ils tirent leur pouvoir de fascination sur le conscient, ainsi que leur force civilisatrice structurante en permettant d'unir des données qui, autrement, envahiraient la conscience. L'archétype de l'inceste (hiérosgamos incestueux) constitue ainsi un archétype qui unifiait de la façon la plus heureuse l'opposition entre l'endogamie et l'exogamie, puisque, s'il s'interdisait le mariage frère-sœur, il instituait en revanche le *cross-cousin mariage*. La fusion de l'anima avec le conscient pour l'homme, ou de l'animus avec le conscient de la femme, motif central du hiérosgamos, renvoie ainsi à une collection d'opposés réunis et transversaux à toutes les cultures et matérialisés par exemple, par l'alternance de certains éléments dans la spiritualité humaine. L'archétype du soi est ainsi également une fusion de contraire, à savoir qu'il réunit le conscient et l'inconscient, la lumière et l'ombre, l'action et la passivité.

Cette recherche de la neutralisation des potentiels de contraires forme ainsi le sens de la psychologie analytique à travers le concept d'individuation :

l'individu doit, par la confrontation dialectique de son conscient avec l'inconscient, puis par intégration successive des archétypes, reconnaitre les opposés qui le forment.

- **Une « forme vide »**

D'une manière générale, la psychologie analytique explique que l'archétype est en somme : « un élément vide, formel qui n'est rien que *facultas praeformandi* (une faculté préformée). L'archétype est ainsi inhérent à la structure neuronale qu'il est peut-être même inscrit dans les gènes, et que, en cela, il détermine même la libido. En effet, l'archétype ne peut être représenté ; seules ses manifestations le peuvent. Il ne peut qu'organiser les comportements et processus psychiques dans le sens de son programme instinctuel, mais non se représenter a priori. Par exemple le motif de la femme sauvage (ou anima primitive de l'homme) figure l'un des aspects symboliques de l'archétype de l'anima. Les cultures n'ont eu de cesse de représenter les archétypes sous des formes anthropomorphiques ou symboliques, à travers les mythes surtout : on doit toujours garder à la conscience que ce que nous voulons signifier par archétype est non représentable en soi, mais a des effets qui permettent des illustrations, lesquelles sont les représentations archétypiques. La confusion est courante, l'image archétypale est alors projetée sur un objet au moyen d'un mécanisme psychique.

En clair, cette conception générale de la notion « d'archétype » de Carl Gustav Jung nous permet d'entrer dans la conception de Gilbert Durand qui est appropriée à l'imaginaire littéraire. Avec la conception durandienne, nous allons utiliser l'outil scientifique nommé mythocritique qui couvre aussi bien la mythanalyse, au sens d'Yves Durand[35] et François Guiyoba[36]

---

[35] Y. Durand, *L'exploration de l'imaginaire*, Paris, L'espace bleu, 1988.

- **La mythocritique**

Selon Pierre Brunel, « l'objet de la mythocritique, ce serra donc d'analyser un texte littéraire à la lumière d'un mythe et plus rigoureusement encore à partir des éléments mythiques qu'il contient à commencer par les effleurements mythologiques qui apparaissent à sa surface »[37].

Cette réflexion de Pierre Brunel va dans le même sens que celle de Gilbert Durand, l'un des principaux théoriciens de l'analyse mythocritique. Avant d'exposer clairement notre outil d'analyse de ce chapitre, à savoir la mythocritique, nous voulons revenir, un moment, sur la notion d'archétype mais cette fois au sens durandien qui est plus proche de la création littéraire.

Les archétypes se présentent, nous l'avons dit, comme le socle, la source de tout imaginaire et singulièrement l'imaginaire littéraire. Selon Yves et Gilbert Durand, il existe neuf (09) archétypes de base qui conditionnent tout imaginaire :

- La chute
- L'épée
- L'eau
- Le feu
- Le refuge
- L'animal
- Le monstre dévorant
- Le personnage
- Quelque chose de cyclique

Par conséquent, tout imaginaire est fondé sur le test AT9[38] mettant en valeur les éléments fondamentaux qui constituent ce à quoi aspire tout être

---

[36] F. Guiyoba, *Les fondements épistémologiques des hymnes nationaux en Europe (God save the King/ Queen, La marseillaise, Ode à la joie)*, Presses universitaires de Bordeaux, 2003.
[37] P. Brunel, *la mythocritique au carrefour européen*, Paris IV, Sorbonne, 1995, p. 73.
[38] AT9= Archétype Test à neuf éléments.

humain ou ce à quoi il renonce, fuit. De façon synthétique, on peut résumer ces 09 archétypes en deux : la lutte entre le bien et le mal qui sous-tend l'existence humaine et par ricochet l'imaginaire littéraire. On comprend donc aisément la présence de deux contenus de l'œuvre littéraire : le contenu patent et le contenu latent.

Le contenu patent représente le mal, les vices, les travers contre lesquels s'insurge l'écrivain pour présenter un monde idéal, un monde débarrassé des angoisses, bref un monde bien. C'est dans cette logique que Paul Ricœur parle de « pôle d'intégration » et de « pôle subversif » de l'œuvre d'art littéraire.

Partant de ces archétypes, Gilbert Durand a définit que l'imaginaire en général peut se subdiviser en trois (03) grandes catégories :

- L'imaginaire héroïque
- L'imaginaire mystique
- L'imaginaire synthétique

L'imaginaire héroïque encore appelée schizomorphe ou encore agonique met en scène une relation conflictuelle entre deux pôles archétypaux qui s'organisent ainsi en deux pôles antagonistes, avec d'un côté, le pôle du personnage et de l'autre côté le pôle du montre dévorant. La bible étant une œuvre littéraire, on peut dire que tout l'itinéraire mythique de Jésus Christ est calqué sous le modèle de l'imaginaire héroïque mettant ainsi deux pôles antagonistes en scène : un Jésus cherchant inlassablement le salue du monde par la voie du bien ; et de l'autre côté, Satan et son armée téméraire cherchant inlassablement à compromettre le salut de l'être humain. C'est cette structure qui explique la binarité conflictuelle du monde avec l'antinomie bien/mal.

Quant à l'imaginaire mythique, elle se caractérise par une absence de conflit entre les différentes figures archétypales ci-dessus ; ce type d'imaginaire est illustrée par certains genres littéraires comme les genres lyriques c'est-à-dire la poésie ou le poète extériorise sa subjectivité, on ne saurait être en présence d'une imaginaire mystique.

L'imaginaire synthétique fait la synthèse des deux autres. Il se traduit par la présence de deux pôles antagonistes sans que ces deux pôles entrent nécessairement en conflit. A ce niveau, le conflit reste latent ou alors, les moments de conflit et de paix s'alternent dans la trame du récit. Ce qui veut dire que les imaginaires héroïques et mystiques ne se trouvent jamais à l'état pur, l'un impliquant l'assistance de l'autre. Cette imaginaire est la source de la prière chrétienne ''Notre Père'' où l'homme demande la protection, le pain et même la vie à Dieu contre Satan. Ainsi peut-on avoir en toile de fond, dans ce récit, le monstre dévorant (Satan) en présence mais dans son « sommeil ».

Somme toute, toute imaginaire y compris celui du mythe a comme fondement cette structure basique du qui est le paradigme archétypal comme l'affirme François Guiyoba :

> *L'imaginaire est donc tendu entre les pôles agonique et irénique, chacun impliquant potentiellement l'autre, même quand il s'articule isolément, de sorte qu'on puisse concevoir l'idée d'un troisième pole, à savoir le pole agono-irénique ou iréno-agonique. Ce qui porte alors à penser, que dans sa dynamique, ce paradigme de la structure imaginaire s'anime théoriquement suivant la logique de la dialectique hégélienne, l'agôn et l'iréné alternant dans la trame de l'histoire racontée[39].*

Si le mythe et les archétypes constituent la base, le creuset de la littérature selon une conception mythocritique, il y a certainement lieu de décrire cette démarche mythocritique.

- **Les niveaux de l'analyse mythocritique**

---

[39] F. Guiyoba, *les fondements épistémologiques des Hymnes nationaux en Europe (God save the King, Queen La Marseillaise, Ode à la joie)*, Paris, Presses universitaires de Bordeaux, 2003.

Partant des considérations des travaux de Gilbert Durand, Yves Durand et précisément François Guiyoba ont élaboré une mythocritique à trois niveaux. Une bonne analyse mythocritique ou mythanalytique doit donc s'opérer à partir de trois dimensions : au niveau artistique ensuite au niveau mythique et enfin au niveau archétypologique. Nous pouvons le schématiser de la manière suivante :

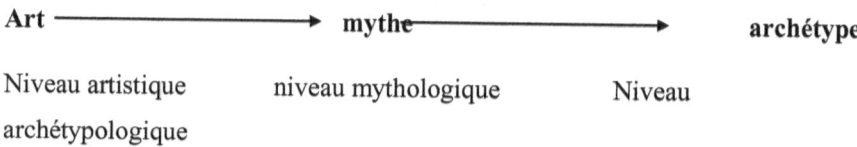

Niveau artistique   niveau mythologique   Niveau archétypologique

Ce qui signifie que l'analyse mythocritique ressortit à une archéologie de l'œuvre d'art littéraire ou de l'œuvre d'art littéraire. De ce fait, notre mythocritique est régressive dans la mesure où elle part d'une structure de surface à une structure profonde. Ici, la structure de surface est constituée par l'œuvre d'art alors que la structure profonde est constituée du mythe et plus en profondeur encore l'archétype. L'application de cette triade nous permettra d'aller à la source de l'imaginaire général dans notre corpus.

Nous rappelons que l'illustration ci-dessous s'applique à la Bible comme œuvre littéraire, donc soutenue par des mythes. Nous convoquerons le texte/le récit chrétien de la chute du paradis d'Adam et Eve.

	Pandora ouvre la boîte et le malheur
Bible : récit de la chute du Paradis	se repend dans le monde

Art ⟶ mythe ⟶ **Archétype**(personnage (héros)

Eve   Le mythe de Pandora et la
            boite du bien et du mal.

Ainsi fonctionne toute analyse mythocritique avec les trois niveaux qui entretiennent un rapport de complémentarité logique. Il convient de préciser que le mythe à dégager par l'outil mythocritique n'est pas seulement des mythes socio-anthropologiques comme chez Gilbert Durand, mais aussi des « mythes modernes » comme chez Roland Barthes.

Pour clore ce chapitre, nous retenons que l'essentiel était dans les définitions des diverses définitions que nous avons données au concept de mythes. Cette notion a pris quatre dimensions définitionnelles. De son étymologie, le mythe désigne tout récit des temps immémoriaux qui donne une explication au monde et ayant des caractéristiques propres. Le mythe désigne dans la bourgeoisie contemporaine de Roland Barthes, toute unité ou toute synthèse significative comme la langue, la photographie, la peinture et les images. Cette acception frise celle de Charles Mauron avec son *mythe personnel*. Aussi avons-nous saisi la notion de fonction, typologie et caractéristiques ou « aspects du mythe »[40] ; toute considération permettant d'aborder l'élément fondateur de tout imaginaire : l'archétype. Avec Carl Gustav Jung, nous avons touché au concept général des archétypes dans divers

---

[40] M. Eliade, *Aspects du mythe*, Paris, Gallimard, Folio essais, 1967.

imaginaires et surtout l'imaginaire mythique. Avec cette conception générale des archétypes, Gilbert Durand nous a permis de parcourir avec application dans certains récits bibliques, la démarche mythocritique avec les neuf archétypes qui structurent tout imaginaire.

CHAPITRE 2

LA BIBLE

Venue des premiers systèmes d'écriture, la Bible a traversé bien des épreuves pour nous parvenir. Ce best-seller appartient au patrimoine mondial eu égard à l'universalité des idéaux qu'elle charrie et transpose d'une culture à une autre ; d'un pays à un autre ; d'un continent à un autre. Depuis Gutenberg à nos jours, *la Bible* a inspiré de nombreuses personnalités ; elle est à la base de nombreuses recherches dans plusieurs domaines : théologie, herméneutique, religions, littérature… Dès lors, le plus vieux livre de l'ère moderne a cessé d'être le patrimoine exclusif du clergé mais plutôt un livre atemporelle universelle pouvant être appréhendé à trois niveaux. Nous n'aurons pas, dans ce travail, l'œil d'un exégète biblique ni l'approche d'un théologien confirmé encore moins la conception d'un pasteur ou d'un prêtre à la foi inébranlable et affermie. En revanche, nous poserons un regard tout à fait simple qui nous permettra de saisir scientifiquement les trois méandres de la *Bible* : une des œuvres de la littérature universelle ; un recueil de mythes et en même temps un livre sacré. Ces trois niveaux de la *Bible* constituent les trois temps forts de ce chapitre ; auxquels nous associerons, par moments, le cadre théorique de certaines autorités scientifiques telles Gilbert Durand et Marc Mathieu Munch.

I. Présentation de la *Bible*

Avant d'aborder la Bible sous les trois dimensions que nous avons prédéfinies, nous souhaitons, entant que notre corpus de travail, la présenter sur le plan général bien que nous n'envisagions pas l'exploiter de fond en comble. Il sera question d'exploiter, uniquement, les récits ou les livres qui pourront nous aider à mieux vérifier notre hypothèse de recherche.

La présentation de la bible oscille donc entre l'ancien et le nouveau testament.

I.1. La formation de l'Ancien Testament

Les avis sont divers au sujet de la formation de l'ancien testament (AT). Pour certains, les textes sacrés existent depuis les premiers systèmes d'écriture c'est-à-dire avec Moïse sous des formes diverses : Pictogrammes en Mésopotamie, à Sumer (le Pays d'Ur, d'où sortit Abraham), hiéroglyphes en Egypte dès les débuts de la Civilisation égyptienne. L'écriture alphabétique quant à elle est apparue en phénicie ou dans la région du Sinaï…juste avant l'époque de Moïse.

Mais quoi qu'il en soit, le texte biblique proprement dit commence avec Moïse. Il fut inspiré par le Seigneur. Moïse écrit donc le Pentateuque, et le peuple prend tout de suite le sens de l'importance de ces textes. À chaque époque, le peuple d'Israël a de même reconnu que certaines écritures prophétiques, historiques ou poétiques font partie en fait du même livre.

Le tableau suivant fournit une chronologie de tous les livres de l'ancien testament avec leurs auteurs, connus ou présumés.

- Chronologie de la formation de l'Ancien Testament.

Groupe de livres selon la classification		Livres	Auteurs (entre parenthèse s'il s'agit d'une supposition historique)	Dates (environ)	Observations
TORAH (Pentateuque)		Genèse	Moïse	1450 à 1400	Les livres ultérieurs de l'AT font allusion à ce groupe de livres comme existant déjà et formant un tout cohérent (Jos 1/5-8 ; II Ch 34/14 ; IR 14/16 ; IIR 23/2 ; Ne 8/1, 3,18) attestant ainsi sa plus grande ancienneté.
		Exode	Moïse	1450 à 1400	
		Lévitique	Moïse	1450 à 1400	
		Nombre	Moïse	1450 à 1400	
		Deutéronome	Moïse	1450 à 1400	
NEBIIM (Prophètes)	Premiers prophètes	Josué	Josué	1370 (env.)	Ces livres étaient connus pendant l'exil.
		Juges	(Samuel ?)	1050 (env.)	
		1 et 2 Samuel (un	(Samuel, Saül,	1030 à 950 (env.)	

		seul livre)	David)		
		1 et 2 Rois (un seul livre)	(Jérémie ?)	vers 600	
	Derniers prophètes	Esaïe	Esaïe	740 à 680	Ezéchiel, Aggée, Zacharie et Malachie ont été ajoutés au Canon dès le retour des juifs de Babylone
		Jérémie	Jérémie	625 à 580	
		Ezéchiel	Ezéchiel	vers 590	
		Osée	Osée	760 à 710	
		Joël	Joël	entre 850 et 700 ?	
		Amos	Amos	780 à 755	
		Abdias	Abdias	585	
		Jonas	Jonas	800	
		Michée	Michée	740	
		Nahum	Nahum	700 à 615	
		Habakuk	Habakuk	627 à 586	
		Sophonie	Sophonie	630 à 620	
		Aggée	Aggée	520	
		Zacharie	Zacharie	520 à 518	
		Malachie	Malachie	450 à 400	
KETUBIM	Livres poétiques	Psaumes	(rassemblés	1050 et	Ces livres ont

(écritures ou Hagiographes)			par Esdras ?) David et autres auteurs	après	été inclus au canon plus tard, après le retour. Ils en faisaient clairement partie au moment de la traduction par les Septantes.
		Proverbes	Salomon, Agur, Lemuel	950 à 900	
		Job	Inconnu	Incertain	
	MEGUILLOTH (Les Cinq Rouleaux)	Cantique des Cantiques	(Salomon)	950	
		Ruth	(Samuel ?)	1050 (env.)	
		Lamentations de Jérémie	Jérémie	586	
		ecclésiaste	Salomon	950	
		Esther	(Mardochée ?)	460	
	Livres historiques	Daniel	Daniel	590 à 535	
		Esdras et Néhémie (un seul livre)	Esdras	538 à 480	
		1 et 2 Chroniques	(Esdras< ?)	vers 500	

Ainsi tous les livres de l'AT sont déjà écrits au 5e siècle A.J.C.

Le canon constitué à partir de ces livres comprend, selon la classification juive :

- La loi ou TORAH
- Les prophètes ou NEBIIM
- Les écritures ou KETUBIM.

En clair, l'ancien testament compte 39 livres sur 838 pages.

I.2. La formation du Nouveau Testament

Depuis les débuts de l'Église primitive, à mesure que les apôtres et les témoins oculaires de l'œuvre de Jésus Christ disparaissaient, il est apparu important de conserver les écrits qui portaient son message exact.

Pour ce qui concerne les Évangiles synoptiques, il y eut sans doute une courte phase de transmission orale des récits, sous forme de « péricopes », c'est-à-dire de petits messages destinés à être appris par cœur. De nouveau, des hommes ont été inspirés ; ils ont parfois utilisé des sources, comme le revendique Luc : « Plusieurs ayant entrepris de composer un récit des événements qui se sont accomplis parmi nous, suivant ce que nous ont transmis ceux qui ont été des témoins oculaires dès le commencement et sont devenus des ministres de la parole, il m'a aussi semblé bon après avoir fait des recherches exactes sur toutes ces choses depuis leur origine, de les exposer par écrit d'une manière suivie »[41].

Nous pouvons ainsi, dans le tableau ci-après, avoir tous les livres du NT

---

[41] Sainte Bible, *Luc* 1 : 1, 3.

Livres		Pages	
Mathieu	1	1er Timothée	217
Marc	35	2e Timothée	221
Luc	56	Tite	224
Jean	93	Philémon	226
Actes	120	Hébreux	227
Romains	155	Jacques	238
1er Corinthiens	170	1er Pierre	242
2e Corinthiens	185	2e Pierre	246
Galates	195	1er Jean	249
Éphésiens	200	2e Jean	253
Philippiens	205	3e Jean	254
Colossiens	209	Jude	255
1er Thessaloniciens	212	Apocalypse de Jean	256
2e Thessaloniciens	215		

Le Nouveau Testament, qui comprend 27 livres, a été probablement écrit entre 50 et 150 après J.-C. Certains passages ont été écrits par les tout premiers chrétiens.

Le Nouveau Testament est composé des quatre Évangiles (Évangile selon Saint Matthieu, Évangile selon Saint Marc, Évangile selon Saint Luc et Évangile selon Saint Jean) ; des Actes des Apôtres (le récit de la naissance de l'Église chrétienne) ; des Épîtres, qui sont des lettres écrites, entre autres, par Saint Paul aux premiers chrétiens pour les encourager à garder la foi ; et l'Apocalypse selon saint Jean, le dernier livre de la *Bible*.

Les quatre Évangiles sont le récit de la vie de Jésus : sa naissance à Bethléem, son baptême, le début de son enseignement, sa mort et sa résurrection. Avant d'être écrits (entre 65 et 95, c'est-à-dire de nombreuses années après la date de la mort de Jésus), ils ont été transmis oralement. Les Évangiles contiennent de nombreuses paraboles : ce sont des histoires allégoriques (imagées) qui délivrent un enseignement religieux ou moral. Jésus en a beaucoup utilisé pour aider les gens à comprendre des choses difficiles concernant Dieu.

Somme toute, la *Bible* contient deux parties essentielles : l'*Ancien* et le *Nouveau Testament*. Elle est le résultat d'une succession d'étapes. Elle est traduite aujourd'hui dans plusieurs langues du monde. Dans le cadre de ce travail, nous utiliserons la traduction en langue française des textes originaux hébreux et grecs qui nous permettra de parcourir les trois dimensions de la *Bible* ; parmi lesquelles la dimension littéraire.

II. La *Bible* : une des œuvres de la littérature universelle

La *Bible*, premier livre de l'ère moderne est classée parmi les œuvres de la littérature universelle eu égard à sa tridimensionnalité. Aujourd'hui, dans le monde entier, il n'est pas de société, peuple qui ne la prenne comme un miroir où des hommes vont se regarder. Elle fait l'objet de plusieurs réflexions dans plusieurs domaines.la *Bible* est ainsi une production artistique à la thématique universelle et une source d'effet de vie.

II.1. La *Bible* comme un art

Il ne s'agit pas de n'importe quel art mais de l'art littéraire car la *Bible* s'inscrit dans la logique de toute œuvre d'art littéraire qui respecte une certaine poétique, une certaine esthétique.

En tant qu'art, la *Bible* répond aux critères esthétiques de toute œuvre littéraire. Elle est une combinaison, un arrangement de mots en vue de produire une sensation de beau. Si le beau constitue l'harmonie des formes, des couleurs et des sons, le premier livre est, dans sa totalité, une parfaite symbiose de l'harmonie des sons ou des formes. Bien plus l'art littéraire de la *Bible* est aussi perçu comme élément d'une poétique ; en considérant les deux grandes parties que nous avons présentées plus haut, nous convenons avec certains critiques qu'elle est dans sa totalité, un récit. L'ancien testament et le nouveau testament relatent donc des histoires bien agencées, bien organisées.

En effet, le récit biblique dans sa composition, n'est pas différent par exemple, de celui de Madame Bovary de Gustave Flaubert.

La *Bible* respecte ainsi la poétique du récit telle que théorisée par Roland Barthes et les autres. En appliquant donc l'analyse narratologique à la Bible, l'on décèle son mécanisme narratologique selon les trois niveaux d'analyse narratologique :

- La fiction ou la diégèse
- La narration
- L'écriture.

En prenant par exemple le récit des enfants d'Israël[42] contenu dans le Pentateuque, nous pouvons vérifier ces trois moments de l'approche narratologique.

II.1.1. La fiction ou la diégèse

Elle regroupe quatre principaux éléments à savoir :

- L'histoire
- Les personnages
- Le temps
- L'espace

- **L'histoire**

Décrire une histoire c'est décrire les actions, l'intrigue et les séquences.

Dans l'histoire des enfants d'Israël, le récit est fort entrecoupé d'actions, de séquences et enfin le point culminant de ces actions qui constituent l'intrigue. Dans cette célèbre histoire où la lourde mission de soustraire le peuple de Dieu du joug de Pharaon, est attribuée à Moïse, nous pouvons présenter, de façon générale, les actions en trois grands mouvements (au risque de ne pas donner le nombre exacte)

1- La naissance de Moïse, et sa récupération dans les eaux par la fille de Pharaon
2- Échappatoire de Moïse vers le pays de Madian
3- L'appel de Dieu et la conduite du peuple de Dieu à la terre promise.

---

[42] Cette histoire est relatée dans le livre d'Exode, à partir du premier chapitre.

Ainsi présentées, nous percevons la nature et la portée des actions de notre récit à l'intérieur de ces grands mouvements et leurs séquences :

Dans le premier grand mouvement des actions, nous observons de petites actions qu'on pourrait appeler des séquences comme, la demande malsaine de Pharaon qui ordonne qu'on tue tous les nouveaux – nés garçons ; aussi pouvons nous avoir la mort d'un égyptien causée par Moïse. Ainsi pouvons-nous schématiser cette première catégorie d'action et ses ramifications ou séquences :

Tableau 1

Action 1	Séquences
Naissance de Moïse et sa récupération des eaux par la fille de Pharaon	**Seq 1:** Demande du massacre par Pharaon
	Seq 2: Mort d'un égyptien causée par Moïse

Il en va de même avec l'action 2 qui peut se disséquer en de petites unités séquentielles telles l'opération de sauvetage de Moïse aux filles du sacrificateur de Madian et la récompense du sacrificateur ou du mariage avec Sephora : nous le schématisons de la manière suivante :

Tableau 2

Action 2	Séquences
Échappatoire de Moïse vers le pays de Madian	**Seq 1:** Moïse sauve les filles du sacrificateur.
	Seq 2: La récompense de Moïse par le sacrificateur.

La dernière grande action se disloque aussi et se cristallise en de petites séquences. A partir de l'appel de Dieu, on peut avoir l'application des recommandations de Dieu ; Moïse qui fait des miracles (transformer son bâton en serpent) Moïse qui défie Pharaon, la conduite du peuple à la terre promise. Autant de séquences autour de cette action majeure.

Action 3	Séquences
Appel de Dieu à Moïse et la conduite du peuple à la terre promise	**Seq 1:** Application des recommandations de Dieu : Retour vers son peuple et révélation du message de Dieu
	Seq 2: Moïse opère des miracles pour inquiéter Pharaon. Pharaon cède et libère le peuple d'Israël
	Seq 3: Les dures épreuves du désert ; la mort de certains, la fin de Moïse et la terre promise.

Les trois tableaux ci-dessus mettent en exergue la description de l'histoire des enfants d'Israël en Égypte. Prioritairement, ces tableaux décrivent les actions, les séquences et surtout le nœud ou le point culminant de ces actions qui forme l'intrigue tel qu'on peut le voir dans le schéma quinaire de Algirdas Julien Greimas qui nous donne une vue d'ensemble de la totalité de cette histoire.

Schéma canonique de Greimas

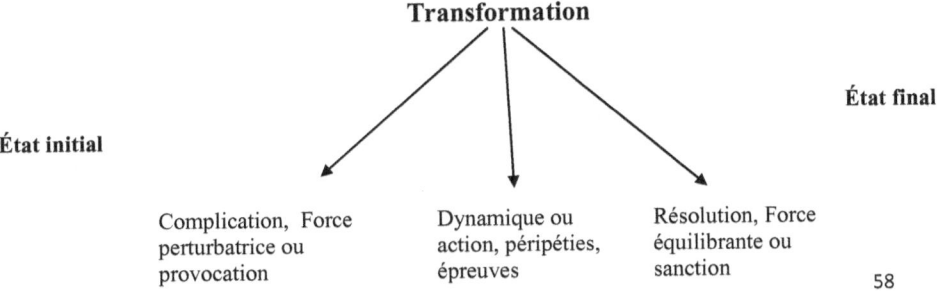

Nous pouvons assimiler ces étapes de la transformation de l'histoire des enfants d'Israël dans le tableau suivant :

État Initial	Au temps de Joseph le peuple d'Israël mène une vie aisée en Égypte
Complication ou Force perturbatrice	La mort de Joseph et l'arrivée d'un nouveau roi qui commence à accablés Israël des corvées : « Ils leur rendirent la vie amère par de rudes travaux en argile et en briques ... »[43].
Dynamique ou Action	- La servitude proprement dite - Moïse tue un Égyptien - Moïse s'enfui pour le pays de Madian - Moïse rencontre les filles du sacrificateur de Madian.
État final	Retour à la terre promise.

Ce schéma narratif nous permet d'accéder à l'action des personnages.

- **Les personnages**

Le récit mythique des enfants d'Israël met en scène plusieurs acteurs qui meublent l'histoire de fond en combe.

Pour définir l'action des personnages, les six (06) catégories d'actants se regroupent deux par deux selon trois (03) axes fondamentaux :

1) L'axe du désir ou axe du vouloir : les actants sujet/objet : le sujet cherche à s'approprier l'objet.

---

[43] Sainte Bible, Exode 1 :14.

Dans l'histoire de Moïse avec le peuple d'Israël, l'axe du vouloir réunit en effet, le sujet, le peuple de Dieu et l'objet, la libération, la terre promise. Cet axe en appelle un autre.

2) L'axe du pouvoir : il bénéficie au sujet. Il comprend l'adjuvant / opposant. L'un aidant le sujet et l'autre s'y opposant.

Ces deux pôles antagonistes sont présents dans notre récit où Pharaon et son armée sont des obstacles pour le sujet qui, lui bénéficie du soutient de Moïse et de la prière.

3) L'axe de la communication qui concernent les actants destinateur / destinataire. Tous les deux chargés d'une quête ; en sanctionnant les objets de valeur, ils sanctionnent cette action en reconnaissant le résultat. Dans notre récit, l'incitateur de l'action du sujet est Dieu ; il motive l'action, le désir de liberté du peuple d'Israël et le bénéficiaire de cette action est aussi le peuple d'Israël lui-même. Nous pouvons donc le schématiser dans le schéma actantiel suivant :

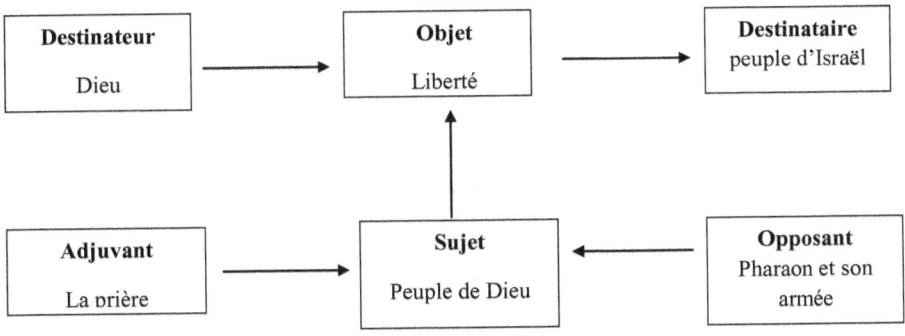

Ce schéma rend compte de l'action dans le récit ; permet de saisir la dynamique entre caractère et action. En un mot, il nous permet de voir les acteurs du récit et leur rôle ou leurs fonctions.

- **L'espace et le temps.**

Deux entités essentielles d'un récit, l'espace et le temps se combinent pour marquer les frontières du récit.

Dans le récit des enfants d'Israël, l'espace brille par son symbolisme. Un symbolisme qui dévoile le caractère purement imaginaire des lieux d'action. En prenant les deux principaux lieux d'action à savoir, l'Égypte, lieu où sévit l'esclavage ; et la terre promise à laquelle aspire le peuple que conduit Moïse, on observe un antagonisme des lieux porteur de signification. On a ainsi deux pôles opposés comme Tanga Nord et Tanga Sud dans *Ville cruelle*[44]. Dans ce symbolisme, on voit aussi en filigrane ce que nous pouvons nommer fonctions de l'espace : l'espace euphorique et l'espace dysphorique.

L'espace euphorique est un espace vital, un espace de bonheur avec l'absence de servitude, contrainte. Un lieu auquel aspire le peuple de Moïse : la terre promise. Par sa dénomination, on voit tout ce que peut comporter ce lieu : un lieu de joie, un lieu de communion, de béatitude, bref un endroit dépourvu de toute contrainte, un lieu « où coulent le lait et le miel en abondance »[45].

Quant à l'espace dysphorique, il s'agit d'un lieu incommode à vivre, un lieu où la vie n'est pas aisée. Cette vie n'est justement pas aisée dans le terroir Égyptien où Pharaon réduit le peuple de Dieu en esclavage. Il est dysphorique, cet espace parce que la "vie" n'y est pas, la joie, la convivialité ; l'amour du

---

[44] Dans ce Roman, Eza boto (Mongo Beti, Alexandre Biyiti) fait la peinture de deux mondes, deux espaces : l'un euphorique et l'autre dysphorique. On a respectivement Tanga nord et Tanga sud.
[45] Ce lieu symbolise la terre promise, la terre à laquelle accèdera le peuple d'Israël après l'Égypte.

prochain. L'Égypte de Pharaon est un pays de servitude de souffrance et de maltraitance.

Nous voyons que l'espace dans notre récit est un espace en grande majorité dysphorique car même entre la terre promise et l'Égypte se trouve un autre espace de souffrance : le désert. Il porte en lui, sa signification. L'espace est donc significatif dans ce récit qui peut se comprendre à travers ces lieux qui portent en eux le sens des actions.

En clair l'espace nous donne une allure de la lecture du récit si nous considérons le schéma ci-dessous :

Espace dysphorique	#	**Espace euphorique**
Égypte		Terre promise
("Non-vie")		vie
Esclavage		Lait et miel

Avec ce schéma, on comprend pourquoi la terre promise et tout ce qu'elle renferme est en quelque sorte l'objet de valeur des sujets, les enfants d'Israël ; à un temps déterminé.

Le temps est aussi primordial dans cette historie. Jamais sans l'espace, le temps inscrit les actions dans une durée précise. Dans ce récit il est difficile de déterminer le temps de l'histoire car nous sommes à une période d'avant notre ère, les temps immémoriaux. Aucune action ne précise le temps. Le temps est donc indéterminé comme dans le nouveau roman ; il est même imaginaire car s'assimilant à celui des contes : un temps brouillé.

En tout état de cause, nous avons exploité l'approche narratologie pour mettre en évidence la dimension artistique littéraire de la Bible. L'occasion nous a permis de voir que ce livre a la même structure et les mêmes caractéristiques que l'œuvre littéraire ordinaire parce qu'il regroupe pleinement les trois éléments de la diégèse ou la fiction. Par là, nous n'avons plus eu besoin de convoquer TZVETAN Todorov qui définit la littérature du point de vue *structural* et du point de vue *fonctionnel*.[46].

Ainsi, ne faisant pas un travail de narratologue, nous nous sommes limités au premier niveau de l'analyse c'est-à-dire la fiction en laissant la narration et l'écriture qui peuvent aussi manifester l'émotion esthétique.

II.2. La thématique universelle de la *Bible* et l'effet de vie

Selon Marc Mathieu Munch, la condition de réussite d'une œuvre d'art littéraire est sa capacité à susciter un effet de vie dans la psyché du lecteur – auditeur – spectateur par le jeu cohérent des mots. L'effet de vie est donc pour l'auteur de *l'effet de vie ou le singulier de l'art littéraire*, une nouvelle définition de la littérarité, c'est-à-dire, ce qui fait d'une œuvre donnée une œuvre littéraire.

Nous l'avons dit, la Bible charrie et transpose les idéaux et les vertus universels eu égard au nombre considérable des thèmes universels qu'elle soulève. La Bible est construite autour d'une thématique universelle plurielle ; elle est classée par les œuvres de la littérature universelle au même titre que *l'Iliade* et *l'Odyssée* d'Homère, *l'Eneide* d'Euripide ; les contes de Charles Perrault ou encore *Madame Bovary* de Gustave Flaubert pour ne citer que celle-là. Autant de productions littéraires qui ont marqué l'histoire de la littérature mondiale avec la diversité, l'universalité et même la pluralité de leurs thèmes qui se structurent entre autres autour de :

---

[46] T. Todorov répond à la question : qu'est-ce que la littérature ? par deux points de vue : structural (esthétique et fonction), fonctionnel (caractère ludique...)

- L'amour
- Le pardon
- La justice
- Le partage
- Le mariage
- L'infidélité / l'adultère.
- La famille
- La guerre
- La jalousie

La liste de cette thématique est loin d'être exhaustive, car on peut en trouver d'autres. Au regard de tout ce qui précède, nous pouvons concevoir la Bible comme le « carrefour des thèmes de la littérature » mieux, la Bible est la littérature en raccourci ; la littérature en un livre.

La Bible en elle seule représente le départ et le difficile retour d'Ulysse dans l'Iliade et l'Odyssée d'Homère ; elle n'est non plus loin des infidélités ou du Bovarisme dans *Madame Bovary* de Gustave Flaubert ; on ne saurait dire qu'elle n'évoque rien de semblable au "Petit Poucet" ; "Cendrillon" ou "le petit chaperon rouge" de Charles Perrault.

En Prenant *l'Iliade* et *l'Odyssée*, nous pouvons assimiler la figure d'Ulysse à celle du Christ qui, comme Ulysse a été appelé pour sauver les âmes[47], le roi de Spartes, Ménélas. Son difficile retour symboliserait les dures épreuves du Christ, sa passion. L'amour passion et l'infidélité de Madame Bovary retrouvent les thèmes de la Bible lorsqu'on sait que l'idée générale ou du moins, le thème le plus récurrent du premier livre est le thème de l'amour. Toutes les sociétés célèbrent l'amour, que ce soit l'amour parental ou l'amour

---

[47] Il est vrai que la similarité n'est pas exacte car Ulysse vole au secours de Ménélas or Jésus sauve toute l'humanité.

fraternel ou encore l'amour simple du prochain. C'est ainsi que cette thématique universelle fait de la Bible, un *livre à effet de vie*.

En effet, si la thématique biblique est universelle et atemporelle, elle répond déjà à une variante du premier invariant de la théorie de Marc Mathieu Munch à savoir l'ouverture de l'œuvre car selon le professeur Munch, une œuvre doit être ouverte à son potentiel de lecteurs. On entre donc dans la Bible comme on entre chez soi, on s'y reconnaît ; on retrouve les thèmes, les problèmes connus de tous et partout, et par conséquent, nous pouvons dire que le premier invariant des quatre que préconise Munch pour sa théorie, est vérifié, la plurivalence qui renferme le concret pré disciplinaire et le concret verbal étant inéluctable. Nous ne saurions douter de la cohérence du premier livre de l'ère moderne ; il est cohérent tout comme les différents récits, évangiles ou témoignages qui le structurent de l'ancien au nouveau testament. Cette cohérence peut se lire au niveau des dix Commandements ou au niveau des Béatitudes qui laissent aussi transparaître le jeu de mots et le concret des mots, car la *Bible* est un discours divin et chaque discours repose sur les canons de la rhétorique, entendu que tout discours, selon Aristote, vise la persuasion. Et persuader, convaincre nécessite un arrangement, une combinaison, un jeu de mots tributaire d'une *visée de discours* [48] conditionnant une *visée phrastique* [49].

La Bible, somme toute, par sa thématique universelle qui traverse l'ancien et le nouveau testament, génère un effet de vie considérable car elle se veut une littérature universelle qui évoque les problèmes, les réalités de tous les pays, toutes les sociétés.

---

[48] Nous sommes dans la terminologie linguistique Français de Gustav Guillaume où la visée de discours revoie à l'information, message.
[49] « visée phrastique » chez Guillaume représenté le choix des formes, des mots.

III. La *Bible* comme livre sacré

Premier livre de l'ère moderne, la Bible soulève, pérennise les idéaux et les valeurs universels atemporels. Au-delà de sa thématique universelle, elle recouvre tout un code de lois, d'interdits qui conditionnent l'agir quotidien de chaque chrétien ou non- chrétien. L'ancien et le nouveau testament exposent, de parts et d'autres, le caractère sacré du premier livre sorti de l'imprimerie.

L'ancien testament encore appelé la Bible juive, Bible hébraïque ou en hébreu le Tanak, consacre cinq livres à la loi parmi les 46^{50} qui le composent. La *Torah* chez les Juifs signifie loi divine ; elle s'ouvre ainsi par cinq premiers livres de l'ancien testament à savoir : *Genèse, Exode, Lévitique, Nombres, Deutéronome*.

Au départ, chez les juifs, *la Torah* (la loi) est particulièrement sacrée parce qu'elle raconte la création du monde (livre de la Genèse) la vie des patriarches et l'histoire des hébreux comme l'alliance d'Abraham puis de Moïse avec Dieu. Elle explique aussi les rituels de la religion. La Torah annonce enfin, la venue d'un messie qui sauvera l'humanité. La dimension sacrée de l'ancien testament passe par le prophète majeur de la Bible qui est Moïse. Dieu a confié une mission importante à Moise : celle de communiquer la loi divine connue sous le nom de Dix Commandements. Ces commandements constituent le sacré de la Bible des Juifs. Elle est sacrée parce que cette loi qui la compose constitue le code juridique de toute société selon qu'il est écrit dans les dix commandements de Moïse dans le livre d'Exode[51] :

---

[50] Il ya une polémique autour du nombre de livres constituant l'ancien testament. Pour les chrétiens catholiques et les orthodoxes, il compte 46livres alors que pour les Protestants, il en compte 39 seulement.
[51] Sainte Bible, *Exode* 20 : 3 ; 17.

1- Tu n'auras pas d'autres dieux devant ma face.
2- Tu ne te feras point d'image taillée.
3- Tu ne te prosterneras devant elles, et tu ne les serviras point.
4- Tu ne prendras point le nom de l'Eternel, ton Dieu, en vain.
5- Souviens-toi du jour du repos, pour le sanctifier.
6- Honore ton père et ta mère afin que tes jours se prolongent.
7- Tu ne tueras point.
8- Tu ne commettras point d'adultère.
9- Tu ne déroberas point.
10- Tu ne porteras point de faux témoignages.

Les dix lois ci-dessus régissent toute communauté humaine, chaque famille, chaque homme. Les dix commandements sont sacrés car ils sont d'inspiration divine et par conséquent, chaque homme vit sachant qu'il existe un code de lois établi par le Tout-Puissant.

Bien plus, le caractère sacré des dix commandements tient aussi de leur dimension universelle ; aucune société, qu'elle soit blanche ou noire, n'encourage l'adultère, le vol ou le mensonge. Ainsi savons- nous que celui qui commet un meurtre est passible d'un châtiment ou d'une peine qui lui permette d'expier son forfait, sa faute. En clair, les livres de l'ancien testament exposent le sacré de la Bible de diverses manières : par la loi divine que Dieu a confié à Moïse dans les tables de la loi pour enseigner à son peuple. Cette loi a évolué et traversé les générations, des âges, des siècles jusqu'à nos jours. Elle est respectée car elle est divine. Les témoignages et les écrits des prophètes consolident aussi le sacré de la Bible ; ils annoncent la vie du messie, le sauveur de l'humanité. Cette dimension sacrée de la Bible se manifeste aussi dans le nouveau testament.

En effet, le nouveau testament qui a été ajouté à l'ancien pour constituer la Bible, est composé de vingt sept livres qui vont des évangiles (Évangile selon Saint Mathieu, Évangile selon Saint Marc, Évangile selon Saint Luc et l'Évangile selon Saint Jean) à l'Apocalypse de Jean. Les quatre évangiles relatent l'histoire de la naissance de Jésus à Bethléem, son baptême dans le Jourdain par Jean Baptiste reconnaissant la puissance de celui qui vient après lui : « Moi je vous baptise d'eau, pour vous amener à la repentance ; mais celui qui vient après moi est plus puissant que moi, et je ne suis pas digne de porter ses souliers lui, il vous baptisera du Saint Esprit et de Fer »[52].

Aussi les évangiles parlent elles des enseignements de Jésus dans les synagogues et au milieu de son peuple ; la guérison des malades. Dans son enseignement, Jésus Christ a transmis des valeurs et des idéaux universels qui résistent jusqu'à nos jours. Son enseignement constitue le socle de la foi chrétienne. L'universalité et l'atemporalité de cet enseignement manifeste encore le caractère sacré de la Bible. On peut le matérialiser dans l'évangile selon Saint Mathieu avec les Béatitudes qui mettent en exergue les qualités, les récompenses de l'homme qui fait la volonté de Dieu. Ces Béatitudes ont un caractère sacré parce qu'elles comportent des enseignements valables en tout temps et tout lieu, comme suit :

1- Heureux les pauvres en esprit car le royaume des cieux est à eux !
2- Heureux les affligés, car ils seront consolés !
3- Heureux les débonnaires, car ils hériteront la terre !
4- Heureux ceux qui ont faim et soif de la justice, car ils seront rassasiés !
5- Heureux les miséricordieux, car ils obtiendront miséricorde !
6- Heureux ceux qui ont le cœur pur, car ils verront Dieu !
7- Heureux ceux qui procurent la paix, car ils seront appelés fils de Dieu !

---

[52] Sainte Bible, *Mathieu* 3 : 11.

8- Heureux ceux qui sont persécutés pour la justice, car le royaume des ceux est à eux !

9- Heureux serez-vous, lorsqu'on vous outragera, qu'on vous persécutera et qu'on dira faussement de vous toute sorte de mal à cause de moi.

Ces Béatitudes transcrivent l'idéal de toute société et par conséquent, la Bible et singulièrement les évangiles recouvrent le sacré et le dogmatique.

Quant aux autres livres du nouveau testament, à savoir les actes des apôtres, les épitres et l'apocalypse de Jean, nous décelons le sacré au niveau du souci de la consolidation de la foi chrétienne par la parole de Jésus, le messie, le sauveur des Hommes.

En tout état de cause, l'on retient que la dimension de la Bible comme livre sacré remonte au peuple Juif jusqu'à nos jours. Cette dimension sacrée s'observe tant dans l'ancien testament que dans le nouveau. Dans le premier, le sacré est soutenu principalement dans la Torah qui constitue les livres de Moïse ; et dans le nouveau, le sacré s'observe plus dans les quatre évangiles qui retracent la naissance, la vie et les enseignements de Jésus. Cette dimension sacrée a été soutenue, au préalable, par l'ensemble de mythes qui parsèment et sou tendent le récit biblique. Cette dimension mythique de la Bible et sa thématique universelle classe la Bible dans la liste des œuvres de la littérature universelle.

IV. La *Bible* comme un recueil de mythes

Dans cette sous partie, nous partons de l'hypothèse que la Bible étant considérée comme une œuvre littéraire, elle recouvre donc, dans sa totalité, un nombre considérable de mythes. Car selon l'approche mythocritique des textes, tout texte littéraire est soutenu par un hypotexte mythique qui soutend sa fiction. Il ya ainsi un lien étroit entre littérature et mythe de même qu'il ya une relation avérée entre mythe et religion entendu que la religion est fondée en mythe. Dans cette conception ou logique des choses, nous pouvons concevoir une relation triangulaire unissant littérature, mythe et religion ; laquelle relation ne vient que confirmer, selon nous, la tridimensionnalité de la Bible : une œuvre littéraire, un recueil de mythes et enfin un livre sacré pour tout chrétien. Cette relation triangulaire se présente comme suit :

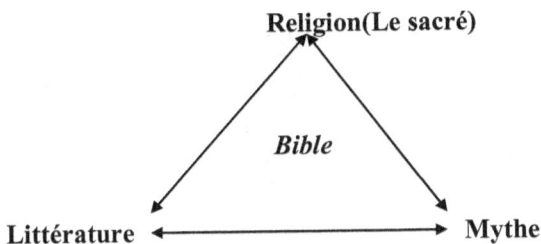

En observant ce schéma, on remarque que les flèches sont doubles. Toute chose qui signifie qu'il y a un lien étroit entre ces trois pôles : littérature et religion sont liées ; religion et mythe sont liés et littérature et mythe sont unis. Ce triangle confirme notre hypothèse dans ce chapitre où nous prenons aussi la Bible comme un recueil de mythes.

En effet, la Bible est un foisonnement de mythes de toute sorte. On peut y dénombrer le mythe cosmogonique, le mythe étiologique, le mythe héroïque et le mythe eschatologique. Avec l'aide de la mythanalyse et de la mythocritique, nous mettrons en branle cet appareil mythique qui soutient le texte littéraire biblique. Pour mieux le démontrer, nous procéderons selon la typologie des mythes exposée au premier chapitre.

IV.1. Le Mythe Cosmogonique

Encore appelé mythe spéculatif, nous avons défini le mythe cosmogonique comme un récit divin par lequel les hommes s'expliquent l'origine de l'organisation du monde et du cosmos ainsi que la structure sociale du monde des hommes. Cette catégorie de mythe est présente dans la Bible dans l'ancien testament et singulièrement dans l'un des cinq livres de Moïse, la Genèse. La Genèse est donc le point de départ de toute réalité existentielle.

Mythe signifiant étymologiquement *parole*, le mythe cosmogonique est donc un discours sur la création du monde, l'univers. Mais dans le cas de la Bible, il s'agit d'une parole sacrée, car venant de Dieu : « Au commencement, Dieu créa les cieux et la terre. La terre était uniforme et vide : il y avait des ténèbres à la surface de l'abîme, et l'esprit de Dieu se mouvait au-dessus des eaux... »[53].

C'est sur cette parole génésiaque que sont nées toutes choses existentielles. On est donc parti des cieux et de la terre pour en arriver à l'homme, ses souffrances, ses malheurs en passant par la création des animaux et des arbres. Nous remarquons que le mythe cosmogonique biblique est englobant parce qu'il ne se limite pas seulement à la création de l'univers. On y retrouve l'origine de l'homme, la femme et leur chute.

En se situant dans une analyse mythocritique des textes, nous pouvons déceler dans le texte de la genèse, un hypotexte mythique de la mythologie grecque, antérieure au mythe chrétien. Selon la mythologie grecque en effet, au commencement étaient Ouranos et Gaïa représentant respectivement le ciel et la terre, ensuite il ya eu les titans, Zeus, la création de l'espèce vivante et surtout les premiers hommes mortels avec Prométhée. Si le texte biblique est un

---

[53] Genèse 1 : 1,2, éd. Louis Segond, 1910.

hypertexte, nous pouvons considérer la mythologique grecque comme un hypothexte.

- La Mythe étiologique

Il a pour caractéristique, expliquer certaines pratiques culturelles quand on en a perdu le sens primitif ou original. Il explique certains rites et sacrifices.

Dans la Bible, ce type de mythe est présent dans l'histoire d'Abraham. Selon la Bible, chaque chrétien qui voudrait se mettre à l'épreuve de la foi et de la crainte de Dieu droit faire ou se comporter comme Abraham. En effet, Abraham craignait tellement Dieu que le jour où il lui a demandé son fils en hollaucoste, il n'a pas hésité de le lui donner en signe de foi et de crainte. Abraham est donc l'image même des sacrifices qui consolident l'amour que l'on devrait avoir pour Dieu et la foi en lui. L'histoire d'Abraham comme beaucoup d'autres dans la Bible, symbolise le sacrifice.

- Le Mythe Héroïque

La légende héroïque recouvre toute la Bible et singulièrement le nouveau testament qui célèbre la vie de Jésus, de la naissance à la mort en passant par son enseignement et surtout ses miracles. La légende héroïque est un hymne aux dieux et leurs exploits multiformes. Dans les quatre évangiles, on célèbre la vie de Jésus Christ avec tout ce qu'elle comporte de merveilleux et fabuleux. En tant que Messie, Jésus Christ a été investi d'une mission céleste extraordinaire, disons légendaire.

Sur le plan général, il est le sauveur de l'humanité ; il a ressuscité les mort ; guéri les malades ; donné la vue aux aveugles bref, il a porté la croix de nos problèmes, nos souffrances.

Le nouveau testament est presqu'une légende héroïque car il s'agit plus de la gloire du Christ, ses exploits surnaturels ; l'on se demanderait, un peu comme les pharisiens et les publicains,[54] d'où lui vient cette puissance ? Toute la vie de Jésus fut une vie de miracles. Aussi peut-on observer ce mythe héroïque dans sa naissance ; il est né par l'onction du Saint Esprit et non par la fusion du gamète mâle de Joseph et du gamète femelle de Marie. Marie fut bénie par Dieu, le Père pour accueillir le Messie, le sauveur de l'humanité. Par ailleurs, la résurrection marque aussi pleinement l'héroïsme de Jésus. Il meurt et ressuscite trois jours après : Autant il a ressuscité les morts comme Lazare quatre jours après, qu'il ressuscite lui-même. La figure de Jésus Christ est, somme toute, celle d'un héros mythique.

- **Le Mythe Eschatologique**

Si la Genèse constitue, dans la Bible, le mythe cosmogonique, l'apocalypse de Saint Jean est un mythe eschatologique. Il annonce la fin dernière de toute réalité existentielle annoncée par la création du monde. L'apocalypse de Jean est un mythe eschatologique en ceci que son récit annonce la fin dernière des choses :

> *Révélation de Jésus Christ que Dieu lui a donnée pour montrer à ses serviteurs les choses qui doivent arriver bientôt, et qu'il a fait connaître, par l'envoi de son ange, à son serviteur Jean, lequel a attesté la parole de Dieu et le témoignage de Jésus Christ tout ce qu'il a vu…*[55].

Par Jésus, Jean reçut l'onction divine, la mission de révéler au monde, la fin des temps. En tout état de cause, les quatre catégories de mythes mis en exergue dans la Bible consolident l'idée selon laquelle, la Bible est un recueil de mythes. Elle l'est d'autant plus que la parole qui y est utilisée recèle les caractéristiques du mythe selon Marc Mathieu Munch à savoir que le mythe est significatif, efficace, fabuleux, schématique et atemporel. C'est dans cette logique de considérations de la Bible comme œuvre d'art littéraire, un recueil de

---

[54] Les pharisiens et les publicains dans l'évangile selon Mathieu, s'interrogent sur la puissance de Jésus.
[55] Apocalypse 1 : 1,2 éd. Louis Segond, 1910.

mythes et en même temps livre sacré des chrétiens que nous avons bâti ce chapitre.

CHAPITRE 3
L'EFFET DE VIE LITTÉRAIRE ET L'EFFET DE VIE MYTHIQUE

Selon l'approche mythocritique de la littérature, il n'y a pas de littérature possible sans mythe ; il n'y a pas d'œuvre littéraire qui ne soit sous-tendue par un substrat mythique. En mythocritique en effet, le mythe est le creuset, la source de la littérature ; l'imaginaire littéraire se fonde donc sur l'imaginaire mythique. L'un est pour l'autre, un hypotexte ou un hypertexte. Mais, bien que le mythe et la littérature soient deux imaginaires parallèles, il n'en demeure pas moins qu'ils aient, chacun, des spécificités. Pour le cas de notre travail sur l'esthétique munchéenne, ces spécificités se situent au niveau de chaque type d'effet de vie que génèrent le mythe et la littérature. Selon Marc-Mathieu Munch, cette différence est claire : « l'art littéraire vise à créer un effet de vie dans la psyché alors que les mythes visent à créer un effet de vie heureuse dans la vie réelle individuelle et sociale »[56]. Dans ce chapitre, nous présenterons les spécifiés liées à l'effet de vie littéraire et les spécificités liées à l'effet de vie mythique en passant par leur champ ou domaine d'application.

I. L'effet de vie littéraire

I.1. Les caractéristiques

L'effet de vie littéraire est le premier type d'effet de vie de l'esthétique Munchéenne. En effet, l'effet de vie littéraire est une émotion esthétique produite par l'œuvre d'art littéraire réussie. Comme nous l'avons précédemment démontré avec la théorie de la réception des œuvres, chaque œuvre littéraire est un fait social qui produit des effets chez le lecteur. Dans la théorie de Marc Mathieu Munch, ces effets de l'œuvre sur le lecteur sont des "effets de vie" se situant dans la psyché du lecteur. Cet effet de surprise du lecteur à la rencontre d'une œuvre réussie a deux caractéristiques : c'est un effet de vie littéraire individuel et onirique.

---

[56] M-M. Munch, « Le mythe et la littérature, deux effet de vie parallèles mais spécifiques » in *Mythe et effet de vie littéraire une discussion autour du concept d' « effet de vie » de Marc Mathieu Munch*, Strasbourg, Le portique, 2008.

I.1.1.Effet de vie littéraire : un effet de vie individuel

L'émotion esthétique de la théorie munchéenne est une expérience vécue personnellement. En effet, la réception des œuvres est d'abord personnelle ; chaque œuvre trouve son écho chez un lecteur bien ciblé. La réception de l'œuvre varie d'un lecteur à l'autre. Bien plus, la réception est fonction, dans le cas d'espèce, des « dispositions »[57] mentales et psychiques de chaque « récepteur » ; ces dispositions orientent ou conditionnent la réaction du récepteur, du lecteur. Ainsi pouvons-nous distinguer deux types de dispositions définissant deux états : un « état de pleine culture » et un « état de carence ». La réception de l'œuvre littéraire et par conséquent la production de l'effet de vie est donc subordonnée à ces deux états ou dispositions du lecteur.

L'état de pleine culture est un état où le lecteur de l'œuvre est imprégné ou doté d'une grande culture dans des domaines divers de la vie. Cet état caractérise un lecteur cultivé, un lecteur dont la culture traverse les frontières, un citoyen du monde, un lecteur cosmopolite par opposition au lecteur chauvin, c'est-à-dire un lecteur limité dans sa culture : l'état de pleine culture est donc une disposition de richesse culturelle et surtout de la culture universelle. L'état de pleine culture, par ailleurs, définit ainsi un type de lecteur et par ricochet un type d'effet de vie. En effet, le lecteur ou le récepteur de l'œuvre étant rempli de culture universelle, il est difficile pour lui d'être « ébranlé » par l'effet de vie, entendu comme un effet de surprise. Ici, l'effet de vie individuel est conditionné par l'état, la disposition culturelle du lecteur. Ce qui peut, par ailleurs définir le degré d'ouverture de l'œuvre ; ce type de lecteur ne subit un effet de vie que lorsque la surprise est supérieure à son potentiel culturel, c'est-à-dire un haut degré d'effet de vie.

---

[57] Cette expression est de nous : elle exprime l'état dans lequel l'œuvre d'art littéraire trouve le lecteur. Cet état peut être un "état de pleine culture" ou un "état de carence". Et ces deux états conditionnent le degré d'effet de vie que subit un lecteur potentiel.

Par ailleurs, *l'état de carence* traduit une disposition de bas niveau de culture ; un lecteur moyen ou un lecteur culturellement pauvre ; un lecteur dont le champ ou le niveau de culture est bas par rapport au niveau de culture de l'œuvre. Dans cet état de choses, le lecteur peut être ébranlé par n'importe quel genre d'œuvre ; il peut subir tout effet de vie. Par son faible potentiel culturel, il subit tout effet de surprise ; tous les lieux culturels, toute intrigue crée en lui une surprise qui crée ainsi une émotion esthétique dans son être. A ce niveau, l'effet de vie est facile car le lecteur est disposé à en subir parce que rencontrant un espace de culture, c'est-à-dire l'œuvre, au dessus de son potentiel culturel.

Au demeurant, l'état de carence, tout comme l'état de pleine culture, définissent un type de lecteur ; et à cet effet, un type d'effet de vie. Nous avons présenté ces types d'états ou de disposition pour matérialiser le caractère individuel, personnel de l'effet de vie littéraire. Un effet de vie qui varie selon les lecteurs et ainsi selon leur *disposition psychique culturelle*. Perçu sous cet angle d' « état » ou de « disposition psychique », l'effet de vie littéraire individuel est somme toute, une émotion esthétique « caméléon » parce que variant, changeant selon les lecteurs. Car la question que l'on pourrait se poser pour mieux illustrer cette vision des choses est : tous les lecteurs reçoivent-ils les œuvres de la même façon ? L'effet de vie littéraire va donc changeant et suscitant le rêve.

I.1.2. L'effet de vie littéraire : un effet de vie onirique

Nous adoptons encore, dans cette partie, la terminologie relative aux « états » et « dispositions » pour montrer le caractère onirique de l'effet de vie littéraire.

En effet, le rêve qu'occasionne l'effet de vie littéraire est fonction de l'état d'esprit du lecteur. Si le lecteur se trouve dans ce que nous avons appelé état de pleine culture, il va de soi que le rêve sera de haute facture et par ricochet, l'œuvre sera d'une grande qualité parce qu'elle aura réussi à transporter le lecteur dans un univers immatériel, un monde imaginaire. Avec un lecteur qui se trouve dans l'état de carence, le rêve est au premier degré, par là on perçoit même le degré d'ouverture de l'œuvre d'art. Nous rêvons donc à la rencontre d'une œuvre d'art littéraire réussie parce que notre situation sociale nous y prédispose. C'est donc un rêve taillé à la hauteur de la réalité, laquelle réalité est le quotidien du lecteur auditeur spectateur. Dans le rêve dû à l'effet de vie littéraire, il y a un lien étroit entre le *réel* et *l'onirique*. Le rêve dans lequel l'œuvre plonge le sujet lisant est la conséquence de ce que l'on a vécu ou souhaite vivre dans la réalité ; pour que cela soit effectif, il faut que le lecteur soit d'abord en « conformité » avec « sa » réalité c'est-à-dire sa culture. Aussi faut-il, par ailleurs, que l'œuvre que découvre un lecteur, soit en conformité avec ses idéaux, sa vision des choses, sa vision du monde. Une telle analyse laisse entendre qu'on ne peut rêver que de ce qu'on connaît, peu importe le canal de connaissance.

Par ailleurs, la définition première de l'effet de vie par le professeur Marc-Mathieu Munch traduit la portée onirique de cet effet. L'effet de vie littéraire est un effet de vie onirique dans ce sens qu'il se situe exclusivement dans la psyché du lecteur auditeur spectateur. La psyché est ainsi le nouvel univers de rêve et même de vie du lecteur ; il y vit tout ce qui est vécu dans le texte littéraire ; il y construit tout ce qui construit dans la production littéraire. La psyché devient par conséquent, un espace de théâtralisation virtuel, irréel dans lequel on transpose la vie romanesque, le monde théâtral, l'espace poétique. Dans cet espace, on croit vivre quand on rêve ; quand on effectue le voyage psychique. Dans sa totalité, l'effet de vie littéraire est un effet de vie de rêve car l'œuvre littéraire en elle-même est le produit de l'imagination créatrice ou reproductrice de son auteur. En effet, le livre présente une réalité taillée sur la mesure de l'imaginaire ; cette réalité reflète un quotidien du lecteur qui le transporte dans un monde onirique, un monde de rêve, un effet de vie psychique.

En somme, l'effet de vie littéraire est un effet de rêve qui se situe dans la psyché de celui qui lit l'œuvre. Cet effet est fonction de la disposition ou de l'état de culture dans lequel se situe le récepteur. L'effet de vie littéraire, entendu comme un effet individuel et onirique établit un rapport non négligeable entre le monde du livre et l'état de culture du lecteur. Mais nous ne saurons parler d'effet de vie sans parler des quatre invariants qui le définissent. Pour qu'une œuvre d'art parvienne à susciter un effet de vie, elle doit réunir ces invariants qui vont de l'**effet de vie** (le premier invariant) au **concret des mots** en passant sans doute par la **cohérence** et le **jeu de mots**[58].

Le premier invariant nommé *effet de vie* est un invariant qui contient deux corollaires explicitant la manière dont il fonctionne. Le premier c'est la **plurivalence** : il définit comment faire pour obtenir l'effet de plénitude de l'œuvre d'art ; les textes littéraires ont recours à des procédés qui dispersent la chose dite dans l'esprit du lecteur – auditeur – spectateur. Ces procédés stylistiques, grammaticaux ou linguistiques introduisent le lecteur dans l'univers évoqué dans l'œuvre.

Le deuxième corollaire de l'invariant effet de vie est **l'ouverture** qui donne un aspect cosmopolite à l'œuvre d'art ; il insiste sur la transculturalité de l'œuvre. Selon Marc-Mathieu Munch, un texte réussi est ouvert au potentiel de ses lecteurs.

Le deuxième invariant de la théorie de l'effet de vie se justifie au niveau de la **cohérence** dans l'œuvre d'art. Pour le théoricien de cette théorie, si une

---

[58] Nous présenterons sommairement ces quatre invariants dans cette partie, car le chapitre 3 portant sur l'effet de vie en a suffisamment fait mention.

œuvre ne répond pas efficacement aux normes de la cohérence, elle ne saurait être réussie ; cette cohérence, selon l'auteur, passe par l'unité dans l'œuvre d'art.

Avec le troisième invariant, nous avons la notion des **formes**. Comme l'affirme Munch : « Cet ensemble de formes imbriquées s'obtient par le jeu » ; un jeu de mots qui justifie l'une des dimensions étymologiques de la littérature : un art, elle vise le beau qui passe par l'usage subtil et harmonieux des formes, des mots. Le dernier invariant est relatif au **concret des mots**. Le jeu de mots sus-évoqué n'est pas un jeu gratuit ; il est significatif, en sorte que l'œuvre réussie crée un effet de vie dans l'esprit de celui qui la lit par « le jeu cohérent des mots ». En tout état de cause, les côtés individuel et onirique de l'effet de vie mettent en lumière la portée subjective et révolutionnaire de l'esthétique munchéenne. Elle est révolutionnaire parce qu'elle intègre la subjectivité de la réception. Et par là elle marque sa particularité[59].

II. L'effet de vie mythique

Dans le collectif signé par François Guiyoba et Pierre Halen, Marc Mathieu Munch, dans un article intitulé : *le mythe et la littérature deux effets de vie parallèles mais spécifiques*, met en exergue la dichotomie effet de vie littéraire et effet de vie mythique. Dans cette distinction, il expose et définit les spécificités, les caractéristiques de chaque pôle d'effet de vie.

II.1. les caractéristiques

Nous avons précédemment souligné que le mythe et la littérature sont indissociables ; l'un n'existe que par rapport à l'autre. Et si nous considérons encore le mythe comme un récit fabuleux efficace dont la fonction est de

---

[59] Nous parlons de particularité eu égard aux travaux antérieurs qui n'étaient pas axés sur la subjectivité de la réception. On parlait certes de la théorie de la réception (H. R. Jauss) mais elle était ce que nous pourrions appeler « objectivité de la réception » par opposition à « subjectivité de la réception avec Munch. On est donc passé du « pluriel du beau » au « singulier de l'art littéraire ».

justifier une pratique sociale, nous voyons sans doute se dessiner les caractéristiques de l'effet de vie qui en découle. Puisqu'on parle du mythe comme moteur des pratiques sociales, l'effet de vie qui en résulte ne peut qu'être collectif et pragmatique contrairement à l'effet de vie littéraire.

II.1.1. Effet de vie mythique : un effet collectif

Bien que la croyance aux mythes soit un problème dans nos sociétés, il reste tout de même vrai que le mythe a pour fonction expliquer une pratique sociale donnée. Chaque peuple, chaque, société repose sur un socle mythique à travers lequel il/elle donne une explication, une signification à son évolution.

Si dans l'approche mythocritique nous avons démontré que le mythe est le creuset de la littérature, c'est parce que nous avons posé l'hypothèse que la littérature est d'essence sociale. Étant d'essence sociale en effet, la littérature reproduit donc la société ; et si elle reproduit la société, elle ne peut avoir comme hypotexte que le mythe. Il ya donc un lien étroit entre littérature, société et mythe.

Nous avons précédemment démontré que le texte littéraire réussi produit, à la rencontre d'un lecteur, un effet de vie dans sa psyché par un jeu cohérent de mots. Dans cette partie, il ressort que le mythe diffère de la littérature en ce sens qu'il produit, suscite un effet de vie social collectif.

En effet, chaque type de mythe mentionné dans le premier chapitre suscite, à sa manière un effet de vie. Le mythe spéculatif ou symbolique ou encore mythe cosmogonique, détermine, explique l'origine de l'univers, du monde, du cosmos. Ce mythe est interprété et respecté en tant que récit sacré par toute la communauté qui l'adopte. On peut le voir avec M. Eliade : « Le mythe raconte une histoire sacrée ; il relate un évènement qui a eu lieu dans le temps primordial, le temps fabuleux des « commencements »[60] Il s'agit donc d'un récit

---
[60] M. Eliade, *Aspect du mythe,* Paris, Gallimard, 2002, P.16.

sacré et par conséquent il vaut pour toute la collectivité parce qu'il justifie une pratique sociale, son origine, son orientation. C'est l'illustration de la portée ou de la signification du mythe de la genèse chez les chrétiens.

Selon eux en effet, « Au commencement était la parole [...] Au commencement Dieu créa les cieux et la terre... »[61] et ensuite il créa Adam et Ève, Abel et Caïn ainsi de suite. Nous sommes donc, selon la mythologie chrétienne, des descendants d'Adam et Ève ; toute la communauté chrétienne est consciente de cet état de choses, qu'on soit croyant ou athée. C'est ainsi que Gaston Bachelard[62] insiste surtout sur l'universalité et l'atemporalité du mythe, lequel confère de ce fait à la rêverie personnelle et subjective, une valeur objective.

Le mythe cosmogonique est donc un mythe fondateur ; fondateur de toute société ; respecté par toute société, car chaque société, chaque peuple connait ses origines. Dans la mythologie grecque, par ailleurs, le cosmos, l'univers, le peuple grec est la descendance d'Ouranos et Mama Gaïa : Au commencement était donc Ouranos et Gaïa, ascendants de Zeus. L'effet de vie suscite par ces mythes est donc un effet de vie collectif objectif et atemporel.

En effet, lorsqu'on lit les contes de la mythologie grecque, latine, américaine, japonaise égyptienne ou encore les mythes bibliques, la réaction n'est pas seulement psychique ou mentale. Bref l'effet de vie produit par ces récits mythiques n'est pas exclusivement psychique ; il est prioritairement social, donc objectif parce qu'il touche à diverses réalités de la société telles que : les cultes, les fêtes, les traditions, les religions. Chaque culte, chaque tradition, toute religion est calqué sur un modèle mythique.

Il est par ailleurs important de noter que ce caractère collectif de l'effet de vie mythique peut relever d'une application inconsciente des mythes. Car dans

---

[61] Jean 1 ; 1 et Genèse 1 :1, *La Sainte Bible,* Louis Segond, 1910.
[62] Cf. *L'air et le songes*, Paris, Gallimard, 1943.

certaines sociétés, on retrouve des personnes qui, sans connaître l'origine de certaines pratiques sociales, se conforment aux exigences de la tradition ; parce que toute la communauté s'y plie. Il ressort donc que l'effet de vie mythique collectif peut être un effet de vie conscient ou inconscient.

En effet, comme nous l'avons précédemment soutenu avec Marc Mathieu Munch, la conception, le récit mythique se heurte au réel problème de la croyance. Le mythe se comporte ainsi comme la religion, on y adhère selon ses convictions sa vision du monde. Toute chose qui signifie que si on croit à un mythe, forcément on sera victime d'un effet de vie collectif car le mythe a une fonction explicative ; il donne un sens, il justifie l'existant. Aussi pouvons-nous avoir le cas où l'on ne croit pas au mythe mais croit à la/aux pratique (s) sociales(s) en place dont le mythe ou la mythologie est la source. Dans cet état de choses, celui qui croit aux pratiques mais ne croit pas aux mythes, subit un effet de vie collectif inconscient parce qu'il se comporte comme un homme qui subit un effet de masse.

En tout état de cause, il ressort de nos analyses sur l'effet de vie mythique collectif que ce type est subordonné au problème de croyance aux mythes ; et par là on peut dégager deux types d'effets de vie collectif : un effet de vie mythique collectif conscient et un effet de vie mythique collectif inconscient. Ces deux types traduisent aussi le côté pragmatique de l'effet de vie mythique.

II.1.2. Effet de vie mythique : un effet de vie pragmatique

Nous avons présenté l'effet de vie mythique comme da réaction d'un groupe face à un mythe ou un récit mythique. Cet effet, avons-nous souligné, est l'application ou l'explication d'une pratique qui découle des temps immémoriaux. Cette socialisation du temps d'Ouranos ou d'Adam et Ève pour ne citer que ces figures mythiques, est une matérialisation, une actualisation de ce temps : le caractère pragmatique de l'effet de vie mythique.

Avec la pragmatique, nous posons qu'il y a une sorte d'adéquation entre le *dire* ou le récit mythique et son *faire* ou les manifestations de ce mythe dans une société donnée. Entre le récit mythique et le monde, il s'agit en effet de la rencontre du dire et du faire[63] qui transforment la conception, la vision du monde des hommes. Nous avons précédemment présenté le mythe comme une parole, un récit sur la vie, le monde ; et par là, nous relevons que toute société qui a un mythe comme socle, peut se considérer comme une « hypersociété » dont la mythologie constitue l'« hyposociété »[64].

- **L'hypersociété**

Nous entendons par hypersociété, une société déjà moulée ; une société, un peuple, une communauté déjà façonné par une mythologie. Cette société est ainsi à l'image de cette mythologie qui oriente, au quotidien, son agir, son faire ; et par là nous sommes dans l'effet de vie mythique. Un effet de vie collectif pragmatique car l'on voit les effets que produit le mythe. Avec la notion de littérature, nous avons appréhendé l'œuvre littéraire comme un fait social qui produit des effets au niveau de la réception. Il en va de même avec les mythes ; nous pouvons les prendre comme des faits mythologiques ou imaginaires qui produisent des effets sur le monde, la société selon le triangle ci-après :

---

[63] Nous faisons allusion à la linguistique de l'énonciation de John Austin dans son ouvrage majeur : "Quand dire c'est faire" dont l tire original en anglais est : "How to do things with words". Dans ce texte, Austin expose les actes de langage à travers lesquels, il démontre les effets de la parole sur le monde ; l'attitude qu'adopte certains locuteurs, interlocuteurs face à certains énoncés. Par là, le linguistique démontre que la parole n'est plus un assemblage, une combinaison de mots mais un acte, une pratique, une concrétisation : dire et faire.

[64] Nous nous inspirons de la terminologie de l'intertextualité de Julia Kristeva. En effet, l'auteur de la sémanalyse pense que tout texte est la réécriture de plusieurs autres textes qui constituent la source de l'inspiration de l'auteur. On parle donc d'intertexte c'est-à-dire l'ensemble de textes que répercute un texte qui devient hypertexte. Et l'hypotexte, les textes originaux ou originels, la source dans laquelle s'est abreuvé l'auteur pour écrire.

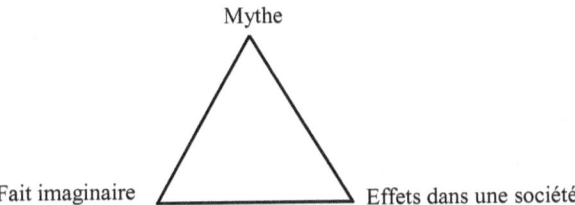

Le mythe, le fait imaginaire est donc doté d'un pouvoir qui s'exerce sur une société qui l'accepte comme « code de conduite ».

- **L'hyposociété**

Par ailleurs, nous mettons sous le terme **hyposociété**, la société originelle et même originale du mythe; il s'agit de l'univers de l'imaginaire mythique qui sous tend toute société qui s'est façonnée à travers lui. L'hyposoiété est, pourrait-on dire, la société de Prométhée dans la mythologie grecque ou le monde de Moïse, Adam et Ève, jésus Christ dans la mythologie chrétienne. C'est cette société de départ qui justifie bon nombre de pratiques culturelles et cultuelles dans telle ou telle société dans le monde. Nous pouvons donc dire que entre l'hyposociété et l'hypersociété, il y a une relation de cause à effet, sans le fait imaginaire, il n'y aurait pas d'effet social. L'effet de vie pragmatique naît ainsi de ces relations entre la pratique sociale, réelle et le mythe générateur ; et nous pouvons relever cela dans nos différentes sociétés.

En effet, si célèbre chez les chrétiens catholiques et autres, la fête de la nativité est tout simplement le souvenir de l'histoire mythique et même épique de Jésus Christ, le fils de Dieu. Cette histoire de Jésus-Christ relate prioritairement sa naissance à Bethlehem qui est symbolisée et surtout matérialisée les 25 décembre de tous les ans : Il s'agit de l'actualisation, la matérialisation du mythe chrétien.

Par ailleurs, et toujours dans la matérialisation sociale du mythe chrétien, on peut évoquer la fête de Pâques qui est une fête de douleur, de pénitence. Douleur et pénitence qui actualisent socialement et collectivement les dures épreuves, les moments difficiles du fils de l'homme. Jésus-Christ a souffert ; il a donné sa vie pour le rachat des âmes humaines. Il est donc le Messie incompris du monde. Voilà pourquoi il faut, en temps de carême, que chaque chrétien, le plus pieux, chacun à sa manière, adopte une attitude de piété pour symboliser la souffrance du Christ sauveur ou s'identifier à lui. L'on comprendra pourquoi en cette période, les gens jeûnent, font la piété pour le souvenir du Christ, le martyr de l'humanité en général. Cette dimension pragmatique de l'effet de vie mythique est valable pour toutes les sociétés du monde ; on ne conçoit pas une société sans être basée sur un modèle mythique.

Dans la fonction sociale du mythe nous avions démontré que le mythe est le moteur de toute pratique sociale. Nous avions posé que la société est le reflet de son type de mythe. C'est ainsi que la réalité universelle du malheur, la souffrance est contenue dans deux principales mythologies. La mythologie grecque et la mythologie chrétienne.

Dans la mythologie grecque, l'être mythique nommé Pandora est la source de nos malheurs et souffrances. En effet, tout a commencé par le vol de Prométhée, fils du titan Japet. Après ce vol de feu de Prométhée, l'olympien de tous les olympiens, Zeus va user des subterfuges pour punir l'espèce humaine : Zeus crée une femme très belle pour séduire Épiméthée, frère de Prométhée. Pandora ayant reçu les instructions malicieuses de Zeus : ne pas ouvrir la boîte qui lui avait été remise, finit par l'ouvrir par curiosité : la face grimaçante du malheur et des souffrances surgit ; et il était trop tard pour la refermer ; le malheur s'était déjà répandu dans le monde.

Le monde connait donc les souffrances, pourrait-on expliquer, parce que dans la mythologie grecque, il y a un récit qui explique l'origine de ces souffrances.

Il en va de même pour le récit chrétien symbolisant la chute d'Adam et Ève. Dieu a défendu aux premiers hommes, la consommation du fruit de l'arbre situé au milieu du jardin. Il ne fallait donc pas manger les fruits de cet arbre si non le malheur qui, jusque là, était inconnu allait être le quotidien des hommes. Adam et Ève ont succombé à la tentation du diable : ils ont mangé le fruit défendu et par conséquent le malheur s'est répandu dans le monde et même la mort au moment où les hommes étaient encore des immortels. En clair, nous voyons comment le récit mythique, une fois intégré dans une société, revêt un caractère pragmatique et par là, l'effet de vie mythique est réel et social. Nous notons que cet effet de vie peut être un effet de vie de bonheur ou de malheur comme dans les deux mythologies précédentes. Le mythe est donc le creuset du phénomène vie sociale et par là creuset de l'effet de vie mythique.

En somme, nous avons présenté deux types d'effets de vie dans ce chapitre. L'effet de vie littéraire étant une émotion esthétique individuelle, il varie ainsi d'un lecteur à l'autre en fonction du niveau de culture de chacun. Cet effet de vie littéraire est par ailleurs, un effet de vie onirique parce qu'il transporte le lecteur dans un univers imaginaire ou psychique. Quant à l'effet de vie mythique, nous avons mis en exergue sa collectivité parce qu'il est vécu au sein d'un groupe social donné et par conséquent, cet effet devient pragmatique car on peut voir ses manifestations dans la réalité quotidienne. Avec cette catégorisation d'effets de vie, nous nous demandons si la Bible, présentée plus haut comme un livre sacré, une œuvre littéraire et en même temps comme un recueil de mythes, ne combine pas ces deux types d'effets de vie.

CHAPITRE 4

Le littéraire et le mythique dans la Bible

Du 5ème siècle⁶⁵ avant Jésus-Christ jusqu'à nos jours, de nombreuses réflexions sur la Bible dans divers domaines, lui ont donné une attitude de *caméléon* qui va changeant de couleurs selon les milieux. En effet, le premier livre de l'ère moderne change de formes et de considérations en fonction des objectifs de ceux qui l'exploitent. Nous l'avons souligné, la Bible est considérée, pour certains, comme un livre sacré ; pour d'autres, elle est rangée dans la catégorie des œuvres de la littérature universelle et pour d'autres enfin, la Bible est un recueil de récits mythiques ayant pour fonction, expliquer l'organisation des sociétés. Eu égard à toutes ces dimensions de la Bible et à la dichotomie effet de vie littéraire et effet de vie mythique que nous devons au Professeur Munch, nous posons dans ce chapitre que la Bible est vectrice de deux effets de vie simultanés : l'effet de vie littéraire et l'effet de vie mythique. Notre hypothèse générale de recherche trouve ainsi sa vérification et même sa validation dans cet ultime chapitre où nous exploiterons le cadre théorique de l'esthétique munchéenne, la sociocritique et la mythanalyse de Yves Durand et Gilbert Durand.

I. De l'effet de vie littéraire dans la *Bible*

La littérature universelle compte dans son répertoire d'œuvres, la Bible. En effet, la Bible figure en bonne place parmi les œuvres de la littérature universelle par la richesse de sa thématique. Elle soulève une thématique qui traverse les frontières ; une thématique qui transcende toutes les barrières, les clivages socioculturels ou interreligieux. Cette thématique plurielle met en exergue des idéaux universels tels que l'amour, la justice, la liberté, le pardon. Partant de là, le premier livre de l'imprimerie brille par son cosmopolitisme ; il

---

⁶⁵ Le 5ᵉ siècle avant Jésus-Christ représente la date d'écriture de l'ancien testament qui compte 39 livres et qu'on appelle encore la Bible Juive. Nous avons mis cela en évidence pour montrer l'évolution de la Bible ; l'évolution des considérations.

peut se réclamer partout. Cet état de choses entre en droite ligne avec ce que Marc-Mathieu Munch nomme dans son esthétique : L'ouverture de l'œuvre d'art.

En effet, la Bible est une œuvre d'art, une œuvre d'art littéraire qui repose sur des principes préconisés par les principaux théoriciens de la littérature : c'est une œuvre d'art littéraire parce qu'elle réunit les aspects esthétiques ; elle répond aux critères du beau car elle se caractérise par une grande richesse linguistique. C'est un art de la parole car lorsqu'on compte les orateurs, Jésus-Christ est l'incarnation même d'un bon orateur. Par ailleurs, la Bible répond aux principes de la fiction littéraire ; l'imagination créatrice et reproductrice telles que définies par Tzvetan Todorov dans sa définition de la littérature à partir des points de vue structural et fonctionnel. A cet effet, la Bible a tout de l'œuvre littéraire et par conséquent, elle répond, au regard de son cosmopolitisme, aux critères de définition de l'œuvre d'art réussie chez Munch.

Selon Munch en effet, une œuvre d'art littéraire réussie n'est plus seulement celle qui répond aux critères esthétiques d'antan mais une œuvre qui fait rêver son lecteur par la qualité des différents lieux qu'elle introduit oniriquement dans la psyché de ce lecteur potentiel. La Bible est donc une œuvre d'art littéraire ; et à cet effet elle suscite un effet de vie dans la « psyché du lecteur-auditeur spectateur par le jeu cohérent des mots ». C'est dire que l'on peut vérifier tous les invariants de l'esthétique du professeur Munch dans la Bible. Pour mieux le vérifier, nous pouvons appliquer cette théorie à un récit de la Bible à savoir, la parabole du bon Samaritain dont voici le récit :

²⁵ Un docteur de la loi se leva et dit à Jésus, pour l'éprouver : Maître, que dois-je faire pour hériter la vie éternelle ?
²⁶ Jésus lui dit : Qu'est-il écrit dans la loi ? Qu'y lis-tu ?
²⁷ Il répondit : Tu aimeras le Seigneur, ton Dieu, de tout ton cœur, de toute ton âme, de toute ta force, et de toute ta pensée ; et ton prochain comme toi-même.
²⁸ Tu as bien répondu, lui dit Jésus ; fais cela, et tu vivras.
²⁹ Mais lui, voulant se justifier, dit à Jésus ; Et qui est mon prochain ?
³⁰ Jésus reprit la parole, et dit : Un homme descendait de Jérusalem à Jéricho. Il tomba au milieu des brigands, qui le dépouillèrent, le chargèrent de coups, et s'en allèrent, le laissant à demi mort.
³¹ un sacrificateur, qui par hasard descendait par le même chemin, ayant vu cet homme, passa outre.
³² Un lévite, qui arriva aussi dans ce lieu, l'ayant vu, passa outre.
³³ Mais un Samaritain, qui voyageait, étant venu là, fut ému de compassion lorsqu'il le vit.
³⁴ Il s'approcha, et banda ses plaies, en y versant de l'huile et du vain ; puis il le mit sur sa propre monture, le conduisit à une hôtellerie, et prit soin de lui.
³⁵ le lendemain, il tira deux deniers, les donna à l'hôte, et dit : Aie soin de lui, et ce que tu dépenseras de plus, je te le rendrai à mon retour.
³⁶ lequel de ces trois te semble avoir été le prochain de celui qui était tombé au milieu des brigands ?
³⁷ C'est celui qui a exercé la miséricorde envers lui, répondit le docteur de la loi. Et Jésus lui dit : va et toi, fais de même[66].

À partir de cette histoire nous pouvons vérifier les quatre invariants de la théorie de l'effet de vie. Ainsi, nous aimerions d'abord présenter les différentes étapes de la théorie de l'effet de vie pour ensuite l'appliquer au récit du bon Samaritain. Selon Marc Mathieu Munch, quatre invariants définissent et conditionnent la beauté d'une œuvre d'art :

- **Le Premier invariant : effet de vie**

Ce premier invariant de Marc Mathieu Munch porte le nom de sa théorie. En effet, l'invariant effet de vie résume deux corollaires qui expliquent la manière dont il fonctionne. L'effet de vie inclut donc premièrement la plurivalence. Ce corollaire stipule que, pour obtenir l'effet de plénitude de l'œuvre d'art, les textes littéraires ont recours à des procédés qui dispersent la

---

[66] Sainte Bible, *Luc* 10 : 25,37 Ed. Louis Segond, 1910. Nous tenons à préciser que le choix de ce texte est fortuit ; il représente n'importe quel autre livre de l'AT et du NT que nous aurions pu choisir.

chose dite dans l'esprit, comme l'écrit le professeur Munch : « La plurivalence est l'ensemble des procédés littéraires capables de disperser la chose dite dans toutes les facultés de l'esprit »[67]. Parmi ces procédés, l'on note des comparaisons, des métaphores… qui répandent, d'une manière ou d'une autre, le phénomène littéraire dans les différentes parties des cinq sens de l'intellect du lecteur. Ainsi, tout l'être de la réception se trouve en pleine transformation qui impose un *transfert* d'un état à un autre.

En effet, les différents procédés qui forment la plurivalence sont entre autres, le concret prédisciplinaire et le concret verbal. Le concret prédisciplinaire renvoie à la réalité familière dont nous sommes déjà imprégnés avant de lire l'œuvre. C'est la réalité quotidienne dont le lecteur a souvent fait l'expérience. Cet état de choses précède ainsi, la réalité qu'offre l'œuvre, car selon Marc-Mathieu Munch, avant la lecture d'un livre, on est encore plongé dans la réalité « réelle » (nous nous excusons pour ce pléonasme), la réalité première. Mais une fois en contact avec le livre, les premières préoccupations s'estompent pour donner libre cours au monde forgé par l'imaginaire de l'oeuvre. Le concret prédisciplinaire est donc l'instant, le moment, la réalité d'avant la lecture de l'œuvre littéraire, le monde réel avec ses angoisses, ses lieux, ses émotions, son plaisir. En cela, il est différent du concret verbal.

La plurivalence se manifeste par ailleurs par le concret verbal. Il établit un rapport étroit entre le sens et les sens (les cinq sens de l'humain). Le théoricien de l'effet de vie définit et recommande le concret verbal comme suit : « En littérature le langage du sens s'enrichit d'un langage des sens qui, habilement, crée un effet de dispersion dans la psyché. Au sens abstrait, il associe le monde des sons des caractères de l'écriture et plus généralement du corps. L'association réalisée ne fonctionne pas sur le modèle du signe qui

---

[67] M-M. Munch, *L'effet de vie ou le singulier de l'art littéraire*, Paris, Champion, 2004.

renvoie à un signifié mais sur celui de la polyphonie qui fait entrer simultanément deux ou plusieurs voix à l'esprit »[68]. En sorte que nous aurons ici, au-delà de l'association sa /sé, l'association sens/silence ; sens/son ; sens/rythme ; sens/graphie : sens/corps ainsi que les images et les figures.

Somme toute, le concret verbal opère sur ces différentes associations pour faciliter l'imprégnation du sujet ou de l'imaginaire dans l'esprit du lecteur-auditeur. En cela, l'œuvre nécessite une ouverture certaine.

Par ailleurs, comme second corollaire du premier invariant qui est l'effet de vie, la théorie munchéenne propose l'ouverture de l'œuvre à la diversité des lecteurs. Une œuvre d'art littéraire n'est pas seulement fille de son temps ou de son époque ; elle traverse les frontières, elle s'ouvre à un nombre considérable de lecteurs par le caractère atemporel et universel de l'imagination créatrice de son auteur. Dans cette logique du corollaire de l'effet de vie nommé ouverture, on perçoit la nécessité d'un cosmopolitisme de l'œuvre, une « brisure de frontières » de toutes les cultures, de tout le monde, de tous les lecteurs par son génie comme on le voit avec le professeur Munch : « Une œuvre ne peut réussir un effet de vie un peu profond que si elle a le pouvoir d'entraîner la collaboration particulière d'un esprit individuel. Elle doit donc comprendre des faits, des structures, des dispositions capables de s'adapter à des lectures différentes. On se demande depuis toujours pourquoi une même œuvre plaît à des lecteurs différents et pourquoi d'autres n'ont qu'un public et toujours le même. C'est que les grandes œuvres, celles qui traversent les siècles et les frontières ont un génie de l'ouverture que ces autres n'ont pas. L'ouverture est un élément des plus importants de la valeur esthétique des œuvres »[69]. Somme toute, on comprend que le bon texte, le texte réussi est celui qui est ouvert au

---

[68] M-M. Munch, *op. cit.*, P.172.
[69] M-M. Munch, *op. cit.*

potentiel de ses lecteurs. Ce qui passe aussi par la cohérence dans l'œuvre littéraire.

- **Le deuxième invariant : la cohérence dans l'œuvre**

Dans la deuxième parution de la collection « l'univers esthétique » que dirige Véronique Alexandre Journeau, l'ouvrage intitulé *Arts, langue et cohérence*, soulève prioritairement la question de la cohérence, dans l'œuvre d'art. La cohérence c'est la logique des éléments d'une œuvre d'art ; en sort que toute œuvre réussie se définit comme un système de « force en circulation » allant du tout à chaque élément ; de chaque élément au tout et d'un élément à l'autre. L'œuvre littéraire doit donc aussi sa réussite à la combinaison, l'harmonie du tout en rapport avec chaque élément comme nous l'apprend M.M. Munch : « si une œuvre n'est pas cohérente, si elle n'a pas d'unité, elle ne peut être réussie »[70].

Ainsi, avec l'invariant nommé cohérence, l'on se situe à peu près dans le raisonnement du structuralisme saussurien où la langue est considérée comme un système dans lequel chaque élément n'est définissable que par rapport aux relations qu'il entretient avec les autres. Ainsi fonctionne aussi l'œuvre littéraire, un élément ne vaut rien s'il est pris isolement ; sa valeur est tributaire de la structure toute entière. Nous sommes ainsi dans une chaine où la défaillance d'un élément compromet toute la chaîne de l'œuvre et par conséquence, sa réussite.

En tout état de cause, la cohérence signifie en d'autres termes, une sorte de communion une *entente* des éléments ou des forces qui constituent le tout que l'on appelle œuvre.

---

[70] M-M. Munch, *op. cit.*, P.18.

- **Le troisième invariant : Le concret des mots**

À ce troisième niveau, il est question de saisir le pouvoir qu'ont les mots à donner la vie ou le pouvoir de créer un monde, des émotions. Le concret des mots montre clairement comment l'artiste sort les mots de leur sens premier pour leur conférer un autre qui est opérationnel, dynamique et qui sous-tend même l'imaginaire de l'auteur. Le mot sort ainsi de son isolement pour embrasser l'imagination créatrice de l'auteur.

L'écrivain donne un autre pouvoir aux mots, un pouvoir qui se trouve aux antipodes du sens des mots chez Ferdinand de Saussure. Le mot dans le troisième invariant de l'effet de vie se caractérise par son concret en ceci qu'il a nécessairement partie liée avec les deux attributs de l'effet de vie que sont la plurivalence et l'ouverture. Pour Marc-Mathieu Munch, en effet, le mot est pour l'artiste littéraire plus qu'un signe linguistique saussurien. C'est un matériau auquel l'artiste donne littéralement vie en le façonnant de manière à en oblitérer le caractère *arbitraire* avec ce qu'il représente. On peut mieux le comprendre dans ces propos de Munch : « si la littérature commence. Pour elle le signe n'est pas arbitraire [...] pour [l'écrivain] le signe renvoie à son propre concret, c'est un objet et même parfois un être vivant. Pour lui, le mot descend de l'abstraction du lexique et sort de la platitude des images du dictionnaire pour entrer dans l'univers concret des êtres et des choses. Là il vit sa vie. Le mot l'écrivain l'aime ou le haït le cherche ou l'évite ; l'apothéose ou le pervertit il y mord comme dans un fruit, le caresse comme un corps, le mange, le vomit, l'exalte ou le fait souffrir avec férocité. Pour lui, grenouille ne renvoie pas seulement à un concept à une image mais aux sonorités, aux rythmes dont il est constitué sans oublier les connotations »[71].

---

[71].M-M. Munch, *op. cit*, p.37.

Avec cet invariant, avec leur sens connoté, sont capables de susciter un effet de vie dans la psyché du lecteur-auteur-spectateur. Car avec le phénomène de connotation, le mot crée en toute liberté de nouveaux lieux, de nouvelles réalités, il sort ainsi du carcan dans lequel le confine Ferdinand de Saussure. Pour l'artiste, le signifié1 n'existe pas c'est le signifié2 qui importe, qui constitue la symbolique, l'idéologie ou la philosophie de l'auteur. Ce jeu de mots n'est donc pas sans enjeux ; ce qui fait penser au concret des mots.

- **Le quatrième invariant : le Jeu des mots**

Ce quatrième volet de la théorie de Marc Mathieu Munch permet de mettre en exergue la première définition de la littérature à savoir la littérature comme un art du langage. A cet effet, la littérature est un arrangement, une combinaison harmonieuse de tous les aspects du mot en vue de produire le beau. Ces aspects du mot sont entre autres, les sonorités, les accents, les rythmes, les sens et les connotations contenus dans les mots. Ainsi pouvons-nous convenir avec Marc-Mathieu Munch que l'œuvre d'art littéraire qui se veut réussie doit pour créer un effet de vie dans l'esprit du lecteur par le jeu cohérent ces mots. Mais cet effet de vie n'est pas seulement le propre de l'œuvre d'art littéraire ; il se veut le dénominateur commun de tous les arts ; le carrefour des arts, pourrait-on dire. L'artiste écrivain a le mot comme le peintre a les couleurs, les tableaux. L'écrivain donne toutes les formes au mot ; il l'utilise et le façonne à sa guise.

- **Application à la Bible**

Le passage de l'histoire du bon Samaritain sus-évoqué soulève deux idéaux universels à savoir : l'amour du prochain et la charité. Ces deux thèmes universels précisent l'appartenance de la Bible à la catégorie des œuvres de la littérature universelle.

En effet, la Bible est une œuvre littéraire qui regorge les quatre invariants de la théorie de l'effet de vie qui justifie la réussite d'une œuvre d'art littéraire. Avec le récit du bon samaritain, nous relèverons les quatre étapes de la théorie de Marc-Mathieu Munch :

1. L'effet de vie

Le premier invariant subsume deux composantes à savoir la plurivalence et l'ouverture. Pour que le lecteur de la parabole du bon samaritain s'imprègne logiquement de ce récit, il lui faut un certain nombre d'éléments de la plurivalence susceptibles de disperser l'intrique dans son esprit. Nous relevons ces procédés dans le dialogue entre Jésus et le docteur de la loi. Un dialogue ponctué, marqué par la modalité interrogative en majorité, suscitant les questions du docteur de la loi suivies par celles du Christ et ses réponses. Cette plurivalence inclut le concret pré-disciplinaire c'est-à-dire la réalité quotidienne ou l'habituelle qui précède le monde de l'histoire du Samaritain qui nous introduit tour à tour dans Jérusalem, Jéricho. Le concret pré disciplinaire est donc notre contexte, notre société qui existe avant d'aborder cet univers de Jérusalem que nous présente le texte biblique.

Avec la plurivalence donc, « la chose dite » se disperse dans l'esprit du lecteur à travers le contenu du concret pré-disciplinaire et du concret verbal qui lient la forme au sens.

L'autre corollaire de l'invariant effet de vie renvoie à l'ouverture. En effet, nous l'avons souligné, la bible soutend une thématique aux idéaux universels et atemporels qui font d'elle, une œuvre littéraire cosmopolite. Elle traverse donc les frontières ; elle se réclame livre de partout ; qu'on soit chrétien ou athée. À cet effet, l'idée générale du récit du bon Samaritain étant la Vie éternelle passant par l'amour de Dieu et de l'amour du prochain[72], nous voyons toutes les communautés du monde impliquées. Nous savons avec Marc-Mathieu Munch qu'une œuvre doit être ouverte à son potentiel de lecteur. Ce récit de Luc chapitre 10 versets 25 au 37, ne concerne pas seulement l'homme africain, européen, asiatique mais tout homme, les hommes des quatre coins du monde. Lorsqu'on sait avec les saintes écritures que le Fils de Dieu, Jésus Christ, est venu pour sauver, libérer l'humanité, nous pouvons dire que la Bible est l'œuvre par excellence qui justifie l'ouverture, le cosmopolitisme.

Le récit biblique n'a pas de public cible précis ; il a pour public cible, le monde entier car toutes les communautés défendent et prônent l'amour de Dieu et l'amour du prochain. Cette ouverture a, par ailleurs, besoin d'une cohérence.

2. La cohérence dans l'histoire

Selon les théoriciens de l'effet de vie, l'invariant cohérence se définit comme un système de « force en circulation » allant du tout à chaque élément ; de chaque élément au tout.

En effet, dans le récit du bon Samaritain nous remarquerons qu'il y a une suite logique de l'histoire qui va de l'inquiétude du docteur à son édification, son apprentissage. Il y a évolution ; il y a suite parce que nous avons le passage d'un état à l'autre. Cette cohérence prend alors la forme d'une démonstration, une argumentation suivant les étapes suivantes : Idée soutenue, Argumentation, Illustration.

L'idée soutenue par le Christ est celle de la vie éternelle qui structure toute l'intrigue. Pour soutenir cette idée, « l'auteur » passe par des arguments tels que l'amour de Dieu et l'amour du prochain à travers lesquels il voudrait

---

[72] Sainte Biblique, Luc 10 :25, 27 Ed. Louis Segond, 1910.

convaincre le Docteur. Pour y parvenir, il convoque des exemples témoignant de la situation décrite ; le Samaritain qui vole au secours de l'homme infortuné, symbolise et matérialise l'amour de Dieu, l'amour du prochain et par conséquent il « hérite la vie éternelle » ainsi se tiennent les différents éléments qui structurent le récit du Samaritain : une idée générale qui appelle des arguments logiques ; lesquels arguments font recours aux illustrations, aux exemples pour asseoir efficacement l'argumentation du Christ.

3. Le concret des mots

Chaque mot a une valeur, une signification. Il en va de même pour notre texte. Chaque mot qu'y est utilisé joue un rôle qui est, en général, celui de la constitution de l'unité sémantique du récit. Dans cette histoire, le lexique utilisé est celui de l'argumentation, celui de la persuasion. Les mots tels que *loi*, *Maître*, *vie éternelle*, *aimer*, *Seigneur* renvoient au vocabulaire du monde céleste. Toute chose qui transporte de plus en plus le lecteur dans un rêve psychologique qui couronne l'effet de vie littéraire.

En clair, les mots employés dans notre récit ne sont pas seulement au sens premier, ils connotent aussi d'autres réalités. Comme l'affirme Munch, ces mots sortent « de l'abstraction » pour nommer d'autres réalités. Ainsi peut-on le remarquer avec les mots ou groupes de mots comme : « vie éternelle, prochain » qui ne sauraient être pris au premier sens. L'expression « vie éternelle » ne signifie pas qu'on soit immortel, mais plutôt vie paisible, longévité. Tout comme « prochain » ne saurait être pris au sens de voisin, mais au sens de frère, personne humaine.

4. Le jeu de mots

La littérature est un art. Un art du langage, de la parole. La Bible, entant qu'œuvre littéraire, est, à cet effet, le lieu où s'exerce cet art. La rhétorique biblique est reconnue partout dans le monde, car Jésus Christ, sujet principal de la Bible[73], figure parmi les plus grands artistes de la parole au monde. Cet orateur, dans le récit que nous avons choisi, use encore de la fonction esthétique du langage afin que le lecteur soit séduit et « voyage psychiquement » d'avantage dans l'univers du bon Samaritain, l'univers de Jérusalem et de la ville de Jéricho. Avec ces quatre invariants de l'esthétique munchéenne, nous pouvons dire que la Bible est une œuvre d'art littéraire réussie qui produit un effet de vie littéraire individuel et onirique.

I.1. *Bible* et effet de vie littéraire individuel

Dans le chapitre traitant de l'effet de vie littéraire, nous avons mis en évidence les différentes caractéristiques de ce type d'effet de vie. Parmi ces caractéristiques, nous avons soulevé sa dimension individuelle. Ainsi, la Bible n'étant pas moins une œuvre littéraire, elle suscite aussi, par sa variation d'un lecteur à un autre, un effet de vie littéraire individuel.

En effet, l'effet de vie littéraire que suscite le récit biblique varie d'un lecteur potentiel à un autre car tous n'ont pas la même perception, la même conception du livre de Dieu. À cet effet, nous serons obligé de reconvoquer les notions de « État de pleine culture » et de « état de carence » pour matérialiser le caractère individuel ou particulier du « voyage psychique »[74] de chaque lecteur.

---

[73] Nous soulignons que le Christ constitue surtout le principal sujet du nouveau testament avec le récit des Évangiles. Mais l'ancien testament qui précède même la naissance de l'enfant Jésus, est constitué des livres de Moïse (Le Pentateuque), livres des prophètes, livres poétiques, livres historiques.

[74] Nous rappelons que l'expression « voyage psychique » est en lieu et place de l'expression « effet de vie » qui est suscité dans la psyché du lecteur lorsque cet effet est de type littéraire.

Nous prendrons à cet effet, l'un des récits de l'ancien testament pour mieux cerner ce type d'émotion esthétique. L'histoire de Joseph, fils de Jacob, dans le livre de la Genèse[75] nous permettra donc d'exposer les caractéristiques de ce type d'effet de vie.

En effet, nous venons d'achever la lecture de ce célèbre récit du fils de Jacob, Joseph et voici que nos impressions sont personnelles, individuelles car cette histoire nous a trainé dans les coins et les recoins de notre psyché. Cet effet de vie est premièrement littéraire, c'est-à-dire psychique parce que la première réaction qui fut la nôtre était celle d'un lecteur et non de plusieurs lecteurs à la fois. Cet effet de vie littéraire est donc individuel parce que si on pénètre la psyché de deux ou cinq lecteurs, on verra qu'il n'est pas vécu de la même façon. Cette logique de choses est tributaire de ce que nous avons nommé « dispositions » psychiques, c'est-à-dire les notions d'*état de pleine culture* et d'*état de carence*.

Si nous prenons, en effet, un lecteur de cette histoire de Joseph en situation d'état de pleine culture, c'est-à-dire ayant une culture multiforme, nous verrons que l'effet de vie littéraire qu'il peut subir sera différent de celui que peut subir un lecteur en état de carence. Ce dernier peut être ébranlé par tous les méandres de l'histoire. En définitive, il ressort que l'effet de vie littéraire est, premièrement, une réaction individuelle car tous les lecteurs ne réagissent pas de la même façon face à un texte littéraire. Cet état de choses nous soumet ainsi à un rêve « éveillé ».

---

[75] Genèse, Chapitre37 au chapitre50.

I.2. *Bible* et effet de vie littéraire onirique

Avouons-le tout lecteur de l'histoire de Joseph est un acteur inconscient. Acteur ou protagoniste inconscient parce que sans peut-être le savoir et sans peut-être le vouloir, il se met en action psychiquement pour s'assimiler soit à Joseph soit au Pharaon ou encore à Benjamin. Ainsi cette activité inconsciente est l'effet d'un rêve occasionné par la pertinence de l'intrigue de cette histoire. Par là nous redécouvrons la signification même du rêve selon le psychiatre Sigmund Freud qui le définit comme la manifestation de l'inconscient humain.

Ce rêve est d'autant plus éveillé que le lecteur du récit se voit, en plein jour et sans se déplacer, entrain de vivre dans le pays de Canaan et d'Egypte d'avant notre ère. Ce lecteur se substitue ainsi aux différents protagonistes de l'histoire. Tout lecteur de cette histoire a cessé, un tant soit peu, d'être lui-même pour être une autre personne, un personnage, un protagoniste de l'histoire. Et par conséquent on se met en action pour poser des actes.

Nous aimerions partager notre expérience, à la suite de cette lecture, pour mieux traduire cet effet de vie littéraire onirique : Après avoir passionnément lu le récit biblique de Joseph, nous avons eu une envie d'être à la place du personnage central pour vivre sa gloire. Nous aurions voulu subir toutes les peines qu'il a subies pour être couronné de toutes les gloires dont il a bénéficié. Et certainement pour voir la honte de ses frères qui l'avaient vendu pour 20 sicles d'argent seulement. Cet effet de vie est, somme toute, individuel et onirique parce que tous les lecteurs n'auraient certainement pas eu les mêmes rêves, les mêmes réactions : certains auraient voulu incarner le personnage de Jacob qui manifeste beaucoup d'amour pour Benjamin et Joseph ; d'autres auraient pu jouer, dans ce *rêve*, le rôle de Potiphar pour réprimander sa femme ; d'autres encore allaient porter les couleurs de Ruben le frère aîné de Joseph. Que de suppositions de rêves ! Toutes ces suppositions de rêves nous rendent à l'évidence du caractère individuel du rêve occasionné par l'émotion esthétique à la suite de cette histoire.

Au demeurant, le récit passionnant de Joseph nous a trainé dans les méandres de la ville de Canaan et du pays d'Égypte avec des effets différents. Nous pouvons conclure, avec ce qui précède dans notre analyse, qu'autant de lecteurs potentiels, autant d'effets de vie littéraire différents suscités par le même récit. L'effet de vie littéraire est donc relatif, particulier et onirique. Si cette histoire agit psychiquement sur le lecteur, on peut se poser la question de savoir si elle ne peut pas modifier le comportement de certains lecteurs au quotidien : effet de vie mythique collectif et pragmatique.

II. *Bible* et effet de vie mythique ou sacré

Dans son célèbre ouvrage intitulé *mythologies* Roland Barthes soutient que : « la mythologie participe à un faire du monde (…) la mythologie est un accord au monde, non tel qu'il est mais tel qu'il veut se faire »[76].

Selon l'auteur, le mythe façonne le monde ; il remodèle le monde tel qu'il devrait être. Le mythe est ainsi un élément constructeur du monde. À cet effet, l'effet de vie suscité par les mythes est un effet de vie différent de l'effet de vie littéraire en raison de sa collectivité et son caractère pragmatique car, ici, il n'est plus question d'une affaire d'une personne mais de plusieurs personnes ; il ne s'agit non plus d'une question psychique mais réelle, pragmatique.

---

[76] R. Barthes, *Mythologies, op. cit.*, p.244.

II.1. *Bible* et effet de vie mythique collectif

Nous l'avons souligné, avec le mythe nous sortons de l'individuel pour embrasser le collectif car « faire le monde »[77] est une affaire de collectivité ; de communauté.

En effet, l'effet de vie produit par le livre sacré, la Bible, est un effet de vie collectif en ce sens que ce livre appartient à la grande communauté chrétienne du monde entier. Déjà cette ouverture lui donne toutes les possibilités pour d'atteindre plusieurs cibles. On se demanderait qui ignore par exemple le récit de Joseph dans la grande communauté des chrétiens, du moins ceux qui sont croyants. Même les athées prennent et citent Joseph comme le symbole de l'endurance l' « apôtre » de la patience, l'incarnation même de l'amour de Dieu. Cet effet de vie est donc collectif car il se communique de générations en générations qui prennent Joseph comme le mythe par lequel les enfants d'Israël sont entrés dans le pays d'Égypte. Il en va de même avec la figure non moins mythique de Moïse avec la fameuse terre promise.

En effet, Moïse est le symbole de la libération. Libération du peuple d'Israël de la main tyrannique de Pharaon. À cet effet, de générations en générations, cet effet, cette idée est dans la pratique des communautés chrétiennes du monde entier. On peut, par ailleurs, illustrer cela par les différentes fêtes religieuses que célèbre la communauté chrétienne. Ces fêtes ou ces solennités sont, pour la plupart, des moments forts des personnages bibliques tels Jésus Christ, la Vierge Marie, mère du Christ et les Saints. On parlera ainsi de la fête de nativité qui, pour nous, est un **effet de vie mythique collectif** car le mythe de la naissance de l'enfant Jésus est sorti du récit pour se matérialiser, se concrétiser comme l'affirme Barthes : « c'est l'histoire humaine qui fait passer

---

[77] Nous devons cette expression à Roland Barthes dans son Ouvrage suscité. Par là, il entend la « construction du monde par les mythes de tous types y compris le mythe moderne.

le réel à l'état de la parole ; c'est elle et elle seule qui règle la vie et la mort du langage mythique »[78]. Ainsi, nous voyons se dessiner d'une manière implicite la démarche de la mythocritique voire de la mythanalyse. C'est-à-dire que tantôt on va du texte, la Bible vers la société déclarant les structures mythiques ; tantôt encore on décèle dans l'organisation socioculturelle, le mythe structurateur d'où le caractère pragmatique de ce type d'émotion esthétique qui produit des effets réels à partir des faits mythiques sacrés.

II.2. *Bible* et effet de vie mythique pragmatique

Avec la démarche mythocritique et de la mythanalyse que nous avons empruntées à Yves Durand et Gilbert Durand, nous allons exposer le caractère pragmatique de l'effet de vie mythique. En effet, selon qu'on est dans la lecture d'un mythe biblique ou dans la pratique de celui-ci, nous matérialisons respectivement la mythocritique et la mythanalyse. Si nous prenons par exemple la fête de la nativité, nous verrons qu'avec la mythocritique, nous partirons du texte, la Bible vers la manifestation au niveau social avec son effet de vie pratique.

En prenant cela sous l'angle de la mythanalyse, nous serons plutôt dans le sens contraire, c'est-à-dire qu'on ira du niveau social vers le texte biblique. En clair, que ce soit la mythocritique ou la mythanalyse, l'objectif est le même : rechercher le mythe structurateur de la pratique social, et par conséquent le mythe structurateur de l'effet de vie. On aura ainsi ce que nous avons nommé dans le chapitre précédent **hyposociété** et **hypersociété**. Toujours avec la fête de la nativité dont le récit se trouve dans les quatre évangiles du N.T., nous avons comme hyposociété, la société « réelle », c'est-à-dire le monde de Bethlehem, les offrandes des rois mages et les animaux. À cette société *réelle* se façonne une société *réalisée* que nous nommons hypersociété parce qu'ayant pour

---
[78] Barthes, *op. cit.* p.194.

source, substrat, le monde biblique des temps anciens. Et par là, on voit clairement l'orientation pragmatique de l'effet de vie mythique : une émotion esthétique visible par ses effets dans la société.

Au demeurant, nous retenons que, dans ce chapitre, nous avons validé notre hypothèse générale de recherche à savoir que la Bible est le lieu où coexistent deux types d'effets de vie : l'effet de vie littéraire et l'effet de vie mythique. Ces deux types d'effets de vie justifient le caractère bidimensionnel de la Bible : un recueil de mythes sacrés et en même temps une des œuvres de la littérature universelle. Ces deux types d'effets de vie dans le texte biblique marquent l'évolution dans l'épistémologie de la théorie de l'effet de vie avec leurs caractéristiques respectives.

CONCLUSION GÉNÉRALE

Au moment où nous mettons un terme à notre travail, nous aimerions rappeler les différents points importants qui auront retenu notre attention. En effet, l'objet de notre réflexion était axé sur la coexistence de l'effet de vie littéraire et l'effet de vie mythique dans la *Bible*. Notre hypothèse générale de recherche stipulait que la *Bible* est un livre bidimensionnel couvrant, à la fois, le littéraire et le mythique. Et par conséquent, la Bible se situe à la confluence de l'effet de vie littéraire et de l'effet de vie mythique. Cette hypothèse centrale répond à une inquiétude formulée au niveau du problème qui sou tend notre travail. Cette inquiétude nous a permis, en guise de solution, d'émettre des hypothèses secondaires nous permettant de mieux cerner les contours de notre réflexion. Ces éléments de solution, ses hypothèses se structurent autour de six points qui dessinent, d'une manière ou d'une autre, notre plan de travail.

En effet, dans le premier chapitre intitulé *le mythe et l'imaginaire* il s'agissait de clarifier la notion de « mythe » et surtout celle de mythe biblique qui a retenu notre attention. Nous sommes parti de l'hypothèse que la *Bible*, notre corpus, est un recueil de mythes. Ainsi ressort-il, dans cette partie, que le mythe, étymologiquement, est une parole, mais bien plus qu'une parole, le mythe est une parole de vie ; une parole sur la vie ; une parole pour la vie, le monde, l'humanité. Il est donc selon Marc Mathieu Munch : « un récit fabuleux significatif et efficace »[79]. Le mythe donne un sens, il explique toute réalité. Le mythe est le creuset de l'humanité, des sociétés telles qu'on peut les observer dans des mythologies avec leurs héros et leurs dieux.

Ouranos, Cronos ou Zeus sont des dieux dans la mythologie grecque, Bacchus dans la mythologie latine tout comme Joseph, Moïse et Jésus incarnent

---

[79] M-M. Munch, « Le mythe et la littérature deux effets de vie parallèles mais spécifiques » in F. Guiyoba et P. Halen, *Mythe et effet de vie littéraire une discussion autour du concept d' « effet de vie » de Marc-Mathieu Munch*, Strasbourg, Le portique, 2008.

des figures mythiques et épiques dans la mythologie Chrétienne. Le mythe est donc l'hypotexte de tout texte et surtout le texte biblique. Par ces différentes acceptions du mythe, nous avons mis en exergue, ses différentes fonctions ; lesquelles nous ont permis de cerner le caractère pragmatique, pratique du mythe. Dans notre réflexion, nous avons décelé trois grandes fonctions du mythe : la fonction religieuse, la fonction sociale et la fonction esthétique ou littéraire.

La fonction religieuse réexamine la relation étroite qui existe entre le mythe et la religion, il n'y aurait pas de mythes que les religions n'existeraient, elles se fondent ainsi sur les mythes. Ces mythes sont donc sacrés car ils relatent, pour la plupart, des récits de Saints comme Jésus ; des héros de la *Bible* comme Joseph fils de Jacob, Job ou Moïse l'hébreux-Égyptien. C'est en cela que la *Bible* et la religion chrétienne construisent et forgent et affirment le foyer de la foi des chrétiens : le mythe est sacré et irrévocable. La fonction sociale, par ailleurs, stipule que chaque mythe est un récit fabuleux qui se veut explicatif et fondateur d'une pratique sociale. Cela revient à dire que chaque mythe exerce une action sur le monde, la société car chaque groupe social apparaît au quotidien comme un reflet mythique. Nous l'avons démontré avec le mythe d'Adam et Ève qui sont, selon le mythe chrétien, auteurs des malheurs dont souffre l'humanité; tout comme on pourrait le justifier avec Pandora si nous étions dans la mythologie grecque.

La fonction esthétique ou littéraire du mythe nous a donné l'occasion de soulever les thèses de la mythocritique qui soutiennent que chaque texte littéraire est un inter texte mythique ; chaque texte littéraire s'abreuve dans une source mythique donnée. On peut mieux le comprendre avec une étude menée par Bigaudi Bilong[80] dans *Paroles* de Jacques Prévert. Il ressort que tout texte, fut-il romanesque, théâtral ou poétique est un hypertexte dont l'hypotexte est le mythe. Ces différentes fonctions du mythe nous ont aidé à ressortir les types de mythes à savoir : le mythe cosmogonique ou symbolique qui retrace l'origine du monde ; le mythe étiologique ayant trait aux rites et certaines pratiques culturelles et cultuelles ; le mythe eschatologique qui est, d'une certaine manière, l'apocalypse. Avec la notion de mythe, nous avons donc parcouru l'imaginaire dans sa totalité avec la notion d'archétype empruntée premièrement à Carl Gustav Jung et puis à Gilbert Durand dans sa mythocritique. Cette notion nous aura permis de mieux aborder la partie concernant la Bible.

Nous avons, dans le cadre de notre deuxième chapitre vérifié notre hypothèse secondaire relative à la *Bible*. En effet, dans cette partie, nous avons posé que la Bible est un ensemble de trois versants qui la définissent au sens de notre travail. Elle est premièrement une œuvre littéraire. Avec ce point de vue, nous avons analysé la *Bible* comme une œuvre d'art ; et par conséquent génératrice d'un effet de vie, car selon Marc Mathieu Munch pour qu'une œuvre d'art littéraire soit réussie, il faut qu'elle suscite « un effet de vie dans la psyché du lecteur – auditeur – spectateur par un jeu cohérent des mots »[81]. De l'Ancien au Nouveau Testament, la *Bible* couvre un ensemble de récits littéraires. Aussi avons – nous appréhendé la *Bible* comme un recueil de mythes. Comme toute œuvre littéraire, la *Bible* est un hypertexte qui repose sur un hypotexte mythique justifiant ainsi le lien inévitable entre la littérature et la mythologie parce que selon Albert Camus, « les mythes sont faits pour l'imagination qui les anime »[82]. Le premier livre de l'imprimerie recouvre tous les types de mythes et leur

---

[80] Bigaudi Bilong, *Mythes primitifs et Herméneutique de **Paroles** de Jacques Prévert*. (Inédit : Mémoire présenté en vue de l'obtention du diplôme de Master en lettres modernes françaises, Avril 2011) En effet, l'auteur montre que le recueil de poèmes *Paroles* est un foisonnement de mythes de types divers dont dépend son herméneutique : « *Paroles* de Jacques Prévert est un maelström de mythes ».
[81] M-M. Munch, *L'effet de vie ou le singulier de l'art littéraire*, Paris, Champion, 2004.
[82] A. Camus, *Le mythe de Sisyphe*, Paris, Gallimard, 1942.

fonction que nous avons sus-évoqués. Par ailleurs, la *Bible* est, selon l'approche chrétienne, un livre sacré à travers lequel les chrétiens ou le clergé découvre l'itinéraire de Jésus. Dans cette logique, la Bible est un livre qui retrace les préceptes et les commandements de Dieu. Dans notre travail, nous avons mis ce caractère sacré en évidence par les Dix commandements et les Béatitudes. Ces commandements constituent ce qu'il y a de plus sacré dans la vie du chrétien engagé ou non.

En clair, ces trois versants (littéraire, mythe, sacré) nous ont conduit à symboliser le triangle : Religion, Littérature, Mythe.

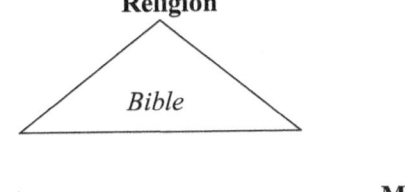

Littérature   **Mythe**

Par ailleurs, notre hypothèse portant sur la théorie de l'effet de vie stipulait que cette théorie est un dénominateur commun de toutes les œuvres d'art. L'effet de vie est donc une esthétique des esthétiques comme le soutient son auteur : « il ne s'agit pas à proprement parler d'une esthétique capable de donner naissance à une œuvre concrète [...] mais d'une esthétique des esthétiques c'est-à-dire d'une plate plate-forme de règles ou de conseils qu'il faut au moins respecter pour inventer une esthétique donnée qui pourra accueillir ensuite une œuvre donnée »[83].

---

[83] M-M. Munch, « Le mythe et la littérature deux effets de vie parallèles mais spécifiques » in F. Guiyoba et P. Halen, *Mythe et effet de vie littéraire une discussion autour du concept d'* « effet de vie » *de Marc Mathieu Munch* », Strasbourg le portique, 2008.

C'est donc une théorie fédératrice mettant enfin fin au « pluriel du beau » pour atteindre le « singulier de l'art littéraire »[84]. Ce qui donne une définition révolutionnaire à la littéralité, c'est-à-dire ce qui fait d'une œuvre une œuvre littéraire, car l'effet de vie définit et conditionne désormais la réussite de toute œuvre d'art[85] et singulièrement l'œuvre d'art littéraire. Ainsi selon François Guiyoba : « Quelque soit donc le biais théorique par lequel il se considère, « l'effet de vie » se révèle comme la subsumance de la création et de la réception littéraires »[86].

Cette subsumance passe par quatre invariants à savoir l'effet de vie qui regorge la plurivalence et l'ouverture ; la cohérence dans l'œuvre ; le jeu de mots et le concret de mots. Cette théorie nous a amené à interroger la notion de littérature.

Avec le quatrième chapitre, nous exposons la notion de littérature au sens de notre hypothèse générale de recherche. En effet, nous avons émis l'hypothèse que la littérature est un art, et cette hypothèse a été validée par le fait que toute œuvre d'art suscite un effet de vie qui est un invariant universel. Aussi avons-nous appréhendé la littérature selon les approches phénoménologiques et sociologiques. Avec la phénoménologie, il ressort que la littérature sert de survie et offre même la vie éternelle au Dasein, à l'artiste. À travers la littérature l'homme nie la mort ; il recrée le monde tel qu'il souhaite le voir. L'essentiel dans cette sous-partie était aussi de présenter la Bible comme une œuvre exposant les thèses phénoménologiques.

---

[84] Ces deux expression mettent en exergue la portée même de l'esthétique munchéenne qui est partie du pluriel du beau c'est-à-dire une difficulté à définir le beau en littérature pour poser les bases d'un invariant faisant l'unanimité des auteurs.
[85] Nous disons toute œuvre d'art ici parce que selon Marc Mathieu Munch, l'effet de vie est le dénominateur commun de tous les arts qui ne varient au fond que par la diversité de leur matériau brute : tous ont pour but l'effet de vie : la réussite.
[86] F. Guiyoba, « Aux origines de l' « effet de vie » littéraire : Prolégomènes à l'archéologie d'un invariant artistique » in F. Guiyoba et P. Halen, *Mythe et effet de vie littéraire une discussion autour du concept d' « effet de vie » de Marc-Mathieu Munch.*

Bien plus, nous avons saisi la notion de littérature du point de vue sociologique. Ainsi, l'analyse sociologique du fait littéraire conçu comme fait social, se propose d'étudier les médiations entre les conditions sociales et les œuvres. Ces conditions sont de trois ordres : premièrement, les conditions matérielles de production et de circulation des œuvres ; deuxièmement, les modalités de leurs productions par leurs auteurs ; troisièmement, les conditions de leur réception. La réception fut particulièrement importante dans notre travail, surtout avec les travaux de Hans-Robert-Jauss avec ses notions clés comme « horizon d'attente » de l'œuvre et les « effets ». Ces notions nous ont permis de revérifier la portée épistémologique de la théorie de l'effet de vie. En effet, tous ces effets se répercutent sur la réception sous forme d'effet de vie. Et à cet effet, nous avons soutenu que la littérature est un fait social produisant des effets.

Ainsi, la notion d'effets nous rappelle notre cinquième hypothèse vérifiée au chapitre cinq où il était question d'expliquer la dichotomie effet de vie littéraire et effet de vie mythique. En effet, l'effet de vie littéraire et l'effet de vie mythique ont chacun ses spécificités comme le démontre Munch : « l'art littéraire vise à créer un effet de vie dans la psyché alors que les mythes visent à créer un effet de vie heureuse dans la vie réelle individuelle et sociale »[87]. Ce qui signifie que l'effet de vie littéraire est individuel et onirique parce qu'il varie d'un lecteur à un autre en occasionnant un rêve. Cette variation, avons-nous souligné, est fonction de l'état ou le niveau de culture de ce lecteur potentiel. Il peut être dans ce que nous avons appelé un état de pleine culture, diversifiée ; et par là, l'effet de vie ou l'effet de surprise sera modifié. Aussi peut-il être dans un état de carence matérialisant l'absence de culture ou, du moins, un niveau pas trop élevé de culture ; et là aussi l'émotion esthétique varie.

---

[87] M-M. Munch, *Le mythe et la littérature deux effets de vie parallèles mais spécifiques*, op. cit. P.13.

Dans ce processus de dichotomisation de ces effets de vie, il apparait que l'effet de vie mythique diffère du premier en ce sens qu'il est non seulement collectif mais aussi pragmatique. Nous avons eu le plaisir de le présenter comme un effet de vie collectif parce qu'il fallait tenir compte de l'effet et de la portée sociale des mythes : ils expliquent le monde et ils sont fondateurs de pratiques sociaux. Le mythe est un récit fabuleux, sacré qui concerne toute une communauté donnée. À cet effet, il est pragmatique car nous voyons ses effets au quotidien.

Parvenu à ce niveau de travail, nous avons pu confirmer notre question centrale de recherche et par conséquent notre hypothèse générale de travail. Avec tout ce qui précède, en effet, il ressort sans nul doute qu'il y a une coexistence de l'effet de vie littéraire et de l'effet de vie mythique. Ces deux types d'émotions esthétiques confirment la richesse du premier livre de l'ère moderne : une thématique plurielle et universelle charriant des idéaux universels et atemporels. On entre donc dans la Bible comme on entrerait dans un monument à trois portes : la religion, la littérature, le mythe.

Références bibliographiques

CORPUS

- *La Sainte Bible*, Version Louis Segond, 1910.

I. LES MÉMOIRES

- BILONG, Bigaudi, *Mythes primitifs et herméneutique de Paroles de Jacques Prévert*, Yaoundé, ENS, 2011, inédit.
- NGON BIKEK, Jacqueline, *Regard de l'altérité sur elle-même : Le cas de Calixthe BEYALA dans Les Honneurs perdus et les arbres en parlent encore*, Yaoundé, ENS, 2011, inédit.
- NONO NDJIKAM, Théophile, *L'effet de vie dans sous l'orage de Seydou Badian,* Yaoundé, ENS, 2011, inédit.

II. OUVRAGES CRITIQUES

- CHAUVIN, Danielle, *Bible et mythocritique Question de Mythocritique*, Paris, Seuil, 1984.
- GILBERT, Pierre, *Bible, mythe et récits des commencements*, Paris, Seuil, 1986.
- LEMAIRE, André, *Le monde de la Bible*, Paris, Gallimard, 1998.

III. OUVRAGES THÉORIQUES ET ARTICLES

- EHRET, Jean, « Bible et mythe : de l'antagonisme théologique à la cohérence littéraire » *in* F. Guiyoba et P. Halen, *Mythe et effet de vie littéraire : une discussion autour du concept d' « effet de vie », de Marc-Mathieu Munch*, Strasbourg, Le Portique, 2008.
- GUIYOBA, François, « Aux origines de l' « effet de vie » littéraire : prolégomènes à l'archéologie d'un invariant artistique » *in* François Guiyoba et Pierre Halen, *Mythe et effet de vie littéraire une discussion*

autour du concept d' « effet de vie » de Marc-Mathieu Munch, Strabourg, Le Portique, 2008.
- GUIYOBA, François, et HALEN, Pierre, *Mythe et effet de vie littéraire. Une discussion autour du concept d' « effet de vie » de Marc-Mathieu Munch*, Strasbourg, le Portique, 2008.
- HALEN, Pierre « Mythe, effet de vie et valeur : le cas des images de Patrice Lumumba » *in* F. Guiyoba et P. Halen, *Mythe et effet de vie littéraire. Une discussion autour du concept d' « effet de vie » de Marc-Mathieu Munch*, Strasbourg, Le Portique, 2008.
- JOURNEAU, Alexandre Véronique, *Musique et effet de vie*, Paris, L'Harmattan, 2009.

   -*Art, langue et cohérence,* Coll. «L'univers esthétique », Paris, l'Harmattan, 2010.
- MUNCH, Marc-Mathieu, « L'application de la théorie générale de l'effet de vie comme invariant universel à la musique » *in* Véronique Alexandre, Journeau, *Musique et effet de vie* Coll. « L'univers esthétique » Paris, L'Harmattan 2009.

   -« Le mythe et la littérature, deux effets de vie parallèles mais spécifiques » *in* F. Guiyoba et P. Halen, *Mythe et effet de vie littéraire. Une discussion autour du concept d'effet de vie* de Marc-Mathieu Munch, Strasbourg, le Portique, 2008.

   -*L'effet de vie ou le singulier de l'art littéraire,* Paris, Champion, 2004.

   -« La théorie de l'effet de vie en littérature comme synthèse du pluriel du beau et du singulier de l'art ». (Conférence donnée à l'université de Kyoto, Mardi 26 juillet 2010).

IV. OUVRAGES GÉNÉRAUX

- ALBOTJY, Pierre, *La Création symbolique chez V. Hugo,* Paris, J.Corti, 1968.
- AMOUGOU NDOH, Armand, *Zeus*, Yaoundé, éd. aujourd'hui, 2006.
- AUDET, René, La Fiction à l'essai. *Frontières de la fiction,* Presses Universitaires de Bordeaux et Éditions Nota Bene (Québec) ,2001.
- BACHELARD, Gaston, *L'Aire et les songes,* Paris, Gallimard, 1943.
    - *L'Eau et les rêves*, Paris, Galimard, 1942.
    - *La Poétique de l'espace,* Paris, Gallimard, 1955.
    - *La Poétique de la rêverie,* Paris, Gallimard, 1960.
    - *La Psychanalyse du feu,* Paris, Gallimard, 1949.
    - *La Terre et les rêveries de la volonté*, Paris, Gallimard, 1948.
    - *La Terre et les rêveries du repos,* Paris, Gallimard, 1948.
- BALANDIER, Georges, *Le Détour,* Paris, Fayard, 1994.
- BARTHES, Roland, *Le Degré zéro de l'écriture,* Paris, Seuil, Coll. « points essais », 1972.

    -*Le plaisir du texte,* Paris, Seuil, Coll. « points essais », 1982.

    -*Mythologies*, Paris, Seuil, 1957, 247 pages.
- BASTIAN, Eneas, BRUNEL, Pierre, *Sisyphe et son rocher,* Monaco, éditions du Rocher, 2004.
- BEAUD, Michel, *L'Art de la thèse*, Paris, La Découverte, Coll. « Guide repères », 2006 (réédition).
- BENJAMIN, Walter, « Œdipe ou le mythe raisonnable » in *Œuvres II,* traduction de M. de Gandillac, R. Rochlitz et P. Rusch, Paris, Gallimard, coll. « Folio essais », 2000.
- BERGEZ, Daniel, *et alii, Introduction aux méthodes critiques pour*

l'analyse littéraire, Paris, Dunod, 1999.
- BERTIN, Georges, *La Quête du saint graal et l'imaginaire,* Condé sur Noireau, Corlet, 1997.
- BERTRAND, Dominique et GELY, Véronique, *Rire des dieux,* Clermont-Ferrand, Presses Universitaires, Blaise Pascal, 2000.
- BLUMENBERG, Hans, *La Raison du mythe,* traduction de Stéphane Dirschauer, Paris, Gallimard, « Bibliothèque de philosophie », 2005.
- BLY, Robert, *L'Homme sauvage et l'enfant : l'avenir du genre masculin,* Paris, Seuil, 1992.
- BOCH, Julie, *Les Dieux désenchantés. La Fable dans la pensée française, de Huet à Voltaire (1680-1760),* Paris, Champion, 2002.
- BONNEFOY, Yves, *Dictionnaire des mythologies,* Paris, Flammarion, 1981.
- BOURDIEU, Pierre, *Les Règles de l'art, genèse et structure du champ littéraire,* Paris, Seuil, 1992.
- BOYER, Régis, « *Existe-t-il un mythe qui ne soit pas littéraire ?* », in *Mythes et Littérature,* textes réunis par Pierre Brunel, Presses de l'Université de Paris-Sorbonne, 1994.
- BRECHT, Bertold, « Rectificatifs à de vieux mythes », dans *La Vieille dame indigne et autres histoires. 1928-1948,* traduction de B. Lortholary, R. Ballangé et M. Regnault, Paris, L'Arche, 1988.
- BRUNEL, Pierre, « *Questions de terminologie* », dans *L'Évocation des morts et la descente aux enfers,* Paris, SEDES, 1974.

    - «*Mythes*», in D.-H. Pageaux, *La Recherche en littérature générale et comparée en France,* SFLGC, 1983.

    - *Dictionnaire de poétique et de rhétorique,* Paris, Presses Universitaires de France, 1961.

    - *Dictionnaire des mythes du fantastique* avec Juliette Vion-

Dury, Limoges, Presses Universitaires de Limoges, 2003.

- *Dix Mythes Dictionnaire des mythes féminins,* avec la collaboration-de Frédéric Mancier, Paris/Monaco, Éditions du Rocher, 2002.

- *La nostalgie des origines Méthodologie et histoires des religions,* Paris, Gallimard, 1967.

- *Le Sacré et le profane,* Paris, Gallimard, 1965.
- *Les aspects du mythe,* Paris Gallimard, 1963.
- *Méphistolès et l'androgyne,* Paris, Gallimard, 1962.
- *Mythe, rêve et mystère,* Paris, Gallimard, 1957.
- *Mythes et littérature,* Paris, Presses de l'Université de Paris-Sorbonne, 1994.
- *Mythocritique des genres,* Paris, PUF, 2003.
- *Mythocritique II,* Paris, PUF, 1997.
- *Mythocritique. Théorie et parcours,* Paris, PUF, 1992.
- *Qu'est-ce que la littérature comparée ?* Paris, Armand colin, 1983.
- *Questions de mythocritique,* Paris, PUF, 1993.

- CAILLOIS, Roger, *Approche de l'imaginaire,* Paris, Éditions Gallimard, 1977.

- *L'Homme et le sacré,* Paris, Gallimard, 1950.

- CALAME, Claude, *Poétique des mythes dans la Grèce ancienne,* Paris, Hachette « Supérieur », 2000.
- CAMPBELL, Joseph, *Les Héros sont éternels,* Paris, Seghers, 1987.
- CAMUS, Albert, *Le mythe de Sisyphe,* Paris, Gallimard, 1942.
- CANAVAGGIO, Jean, *Don Quichotte, du livre au mythe,* Paris, Fayard, 2005.
- CARRIER, Michel, *Penser le sacré. Les sciences humaines et*

l'invention du sacré, Montréal, Liber, 2005.
- CASTORÏADIS, Cornélius, *La Montée de l'insignifiance, Les Carrefours du labyrinthe* IV, Paris, Le Seuil, 1996
    -*L'institution imaginaire de la société,* Paris, Le Seuil, 1975.
    - *Le Monde morcelé. Les Carrefours du labyrinthe III,* Paris, Le Seuil, 1990.
- CAZBER, Pierre et VILLENEUVE, d'Ascq, *Mythe et création,* Presses universitaires de Lille, Travaux et recherches UL3, 1994.
- CELLIER, Léon, *Le Mythe de Manon et les Romantiques français,* Colloques sur l'Abbé Prévost, annales de la faculté des lettres, Aix-en-Provence, n°50,1965.
    -*L'Épopée romantique,* Paris, Presses Universitaires de France, 1954.
    -*Parcours initiatiques,* «Baudelaire et l'oxymoron», Neuchâtel, La Braconnière et Presses Universitaires de Grenoble, 1977.
- CÉSAIRE, Aimé, *Le cahier d'un retour au pays natal*, Paris, Présence africaine, 1939.
- CHAMBERS, Ross, *Gérard de Nerval ou la poétique du voyage,* Paris, José Corti, 1967.
- CHÂTEAU, Dominique, *Épistémologie de l'esthétique,* Paris, L'Harmattan, 2000.
- CHAUVIN, Danièle, *Champs de l'imaginaire,* Grenoble, ELLUG, 1996.
    -*Dictionnaire des mythes d'aujourd'hui,* avec la collaboration de Frédéric Mancïer et de Matthieu Letourneux, Paris/Monaco, Éditions du Rocher, 1999.
    -*Le Mythe de la métamorphose,* Paris, José Corti, 2003 (réédition).
    -*Le Mythe d'Electre,* Paris, H. Champion, 1995 (réédition).
    -*Mythes et littérature,* Paris, Presses de l'Université de Paris-Sorbonne, 1994.

  -*Questions de mythocritique. Dictionnaire,* Paris, Éditions Imago, 2005.
- CHEVREL, Yves et DUMOULIÉ, Camille, *Le mythe en littérature. Essais en hommage à Pierre Brunel,* Paris, P.U.F, 2000.
- CROS, Edmond, *Genèse socioidéologique des formes,* Paris, Saint Estève, 1998.
- DELATTKE, Charles, *Manuel de mythologie grecque,* Paris, Bréal, 2005.
- DELCROIX, Muriel et HALLYN, François, *Méthodes du texte. Introduction aux études littéraires,* Paris, Duculot, 1987.
- DÉTIENNE, Marcel, *Dictionnaire des mythes littéraires.* Nouvelle édition augmentée, Paris/Monaco, Editions du Rocher, 1994.
  -*L'Invention de la mythologie,* Paris, Gallimard, 1981.
  -*L'Invention de la mythologie,* Paris, Gallimard, 1998.
- DISPOT, Lauréat, *Manifeste archaïque,* Grasset, Figures, 1996.
- D'ORIANO, *Nous sommes toutes déesses. Les archétypes féminins pour mieux se connaître,* Paris, les Éditions de l'Homme, 2004.
- DUBCISSON, Daniel, *Mythohgies du XXe siècle (Dumézil, Lévi-Strauss, Eliade),* Lille, Presses Universitaires de Lile, 1993.
- DUBOIS, Jacques, «Les Refuges de Gervaise. Pour un décor symbolique de l'Assommoir » *in* Cahier Naturalistes, n°30,1965.
- DUBORGEL, Bruno, *Imaginaire et pédagogie,* Toulouse, Privât, 1992.
- DUMEZIL, Georges, *Jupiter, Mars, Quirinus. Essai sur la conception indo-européenne de la société et sur les origines de Rome,* Paris, Gallimard, 1941.
  -*L'Héritage indo-européen à Rame?* Paris, Gallimard, 1949.
  -*Naissance de Rome,* Paris, Gallimard, 1944.
  -*Rituels indo-européens à Rome,* Paris, Gallimard, 1954.
- DUMOULIÉ, Camille, *Don Juan ou l'héroïsme du désir,* Paris, Presses Universitaires de France, 1993.

    -Littérature et philosophie. Le gai savoir de la littérature, collection « U», Armand Colin, 2002.
- DURAND, Gilbert, *Figures mythiques et visage de l'œuvre, de la mythocritique à la mythanalyse,* Paris, Berg International, (réédition) 1979.

    -Introduction à la mythodologie, préface de Michel Cazenave, Paris, Le livre de poche, Biblio essais, 1996.

    -L'Ame tigrée, les pluriels de psyché, Denoël, 1981.

    -L'Imaginaire symbolique, Paris, PUF, 1993.

    -L'Imagination symbolique, Paris, Presses Universitaires de France, 1964.

    -Les Structures anthropologiques de l'imaginaire, Paris, Bordas, 1969

    -Sciences de l'homme et tradition, Paris, Têtes de Feuilles, 1975.
- DURAND, Yves, « La formation expérimentale de l'imaginaire et ses modèles » in Circé, N° 1, Paris, Minard, 1970.

    -L'Archétype à neuf éléments, Essai d'étude du comportement, Paris, Bibliothèque de l'imaginaire, 1979.

    -L'Imaginaire de l'alcoolisme, Paris, Edition Universitaire, 1972.
- EIGELDINGER, Marc, *Mythologie et intertextualité,* genève, Slatkine, 1987.
- ELIADE, Mircea, *Aspects du mythe,* Paris, Gallimard, Folio essais, 2002.

    -Forgerons et Alchimistes, Paris, Flammarion, 1956.

    -La Nostalgie des origines, Paris, Gallimard, Folio essais, 1967.

    -Le Mythe de l'éternel retour, Paris, Gallimard, Folio essais, 1969.

    -Le Sacré et le profane, Paris, Gallimard, Folio essais, 1965.

    -Méphistolès et l'androgyne, Paris, Gallimard, 1962.
- ESCARPIT, Robert, *Le Littéraire et le social,* Paris, Flammarion, 1970.

     -*Littérature et genres littéraires,* Paris, Larousse, 1978.
- ÉTIEMBLE, René, *Comparaison n'est pas raison*, Paris, Gallimard, 1963.
     -*La Recherche en littérature générale et comparée en France,* Paris, S.F.L.G.C., 1983.
- FLACELIÈRE, Robert, *La Vie quotidienne en Grèce au siècle de Périclès*, Paris, Hachette, 1959.
- FOUCAULT, Michel, *L'Archéologie du savoir,* Paris, Gallimard, 1969.
     -*Les Mots et les choses,* Paris, Gallimard, 1966.
- FOUCRIER, Chantai, *Le Mythe littéraire de l'Atlantide (1800-1939) : l'origine et la fin,* Grenoble, ELLUG, 2004.
- GADAMER, Hans-Georg, *Literature and philosophy in dialogue, essays in German Literature theory,* New York, Suny Press, 1993.
     -*Vérités et méthodes. Les grandes lignes d'une herméneutique philosophique,* Paris, Seuil, 1996 (réédition).
- GAILLARD, Aurélia, *Fables, mythes, contes. L'esthétique de la Fable et du fabuleux (1660-1724),* Paris, Champion, 1996.
- GEFFREY, Denis, « Mythes et littérature : perspectives actuelles » *in Revue de Littérature Comparée,* Paris, 2000.
     -*Jouissance du sacré, Religion et post-modernité,* Paris, Armand Colin, 1998.
     - « Mythes et genres littéraires : de la poétique a l'esthétique des genres » *in Le Comparatisme aujourd'hui,* éditions S. Ballestra-Puech et J.-M. Moura, Lille, Édition du Conseil Scientifique de l'Université Charles-de-Gaulle-Lille3, 1999.
     -*La Nostalgie du moi. Echo dans la littérature européenne,* Paris, Presses Universitaires de France, 2000.
     -*L'Invention d'un mythe : Psyché. Allégorie et fiction, du siècle de*

Platon au temps de Louis XIV, préface de Pierre Brunel, Paris, Champion, « Lumière classique », 2006.

-*Philomèle. Figures du rossignol dans la tradition littéraire et artistique,* Clermont-Ferrand, Presses Universitaires Biaise Pascal, 2006.
- GENETTE, Gérard, *Fiction et diction,* Paris,, Seuil 1991.

-*Métalepse, de la figure à la à la fiction,* Paris, Seuil, 2004.

-*Palimpsestes. La Littérature au second degré,* Paris, Éditions du Seuil, coll. « Points essais », 1992.
- GIDE, André, « Considérations sur la mythologie grecque » *in* Incidences, Paris/Éditions de la Nouvelle Revue Française, 1924.
- GRACQ, Julien, *Le Roi pêcheur,* Paris, Corti, 1948.
- GRIMAL, Pierre, *Dictionnaire de la mythologie grecque et romaine,* Paris, PUF, 1991
- GUIYOBA, François, « *Pour une algèbre de la comparaison littéraire* » *in* langue et littérature, GELL, n° 9, Saint-Louis, Université Gaston Berger (Sénégal), octobre 2005.

-*Les Fondements épistémologiques des hymnes nationaux en Europe.* Bordeaux Edition, 2003,
- GUSDOBF, *Mythe et Métaphysique,* Paris, Flammarion, 1958.

- « Historia Thématique » *in La Mythologie pour les nuls,* Paris, First éditions, septembre-octobre, 2008.
- HUSSHERR, Cécile, *L'Ange et la bête. Caïn et Abel dans la littérature,* Paris, Cerf, 2005.
- JAUSS, Hans Robert, *Pour une herméneutique littéraire,* traduit de l'allemand par Maurice Jacob, Paris, Gallimard, Bibliothèque des idées, 1988.

- *La Dialectique du moi et de l'inconscient,* (préface du Dr. R, Cahen), Paris, Gallimard, 1961.

-*Présent et Avenir,* Paris, Éditions Buchet, 1962.

  -*Les Types psychologiques,* traduction d'Yves Le Lay, Paris, Georg, Genève et Albin Michel, 2è édition, 1958.

  -*Problèmes de l'âme moderne,* Paris, Éditions Buchet, / Chastel, 1960.

  -*Réponse à Job,* Paris, Éditions Buchet, / Chastel, 1964.

- KLOSSOWSKI, Pierre, *Le Bain de Diane,* Paris, Gallimard, 1956.
- KRAMER Samuel, *L'Histoire commence à Sumer, Paris, Arthaud, 1975.*
- KRISTEVA, Julia, *Étrangers à nous mêmes,* Paris, Fayard, 1988.

  - « L'engendrement de la formule » : *recherches pour une sémanalyse,* Paris, Seuil, 1969.
- LACAN, Jean, *Écrits,* Paris, Seuil, 1966.
- LAGARDE, André, et MICHARD, Laurent, Collection littéraire *XXe siècle,* Paris, Bordas, 1966.
- LAVOCAT, Françoise, *La Syrinx au bûcher. Pan et les satyres à la Renaissance et à l'âge baroque.* Genève, Droz, 2005.
- LE GALLIOT, Jean, *Psychanalyse et langages littéraires,* Paris, Fernand Nathan, 1977.
- LEAVITT, John, « Pourquoi le mythe ? » *in Le Mythe aujourd'hui* (de la revue Anthropologie et sociétés vol. 29, n°2, 2005
- LÉONARD-ROQUES, « L'Homme et l'ange » in *Cahier de l'Hermétisme,* Paris, Albin Michel, 1978.

  -*Caïn, figure de la modernité,* Paris, Champion, 2003.
- LÉVI-STRAUSS, Claude, *La Pensée sauvage,* Paris, Plon, 1962.

  -*Le Mythe et le mythique,* Colloque de Cerisy, Paris, Albin Michel, 1987.

  -*L'Homme nu,* Paris, Plon, 1971.

  -*L'Anthropologie structurale,* Paris, Plon, collection « Agora »,

1953.
- LOUREAU, René, *L'Analyse institutionnelle,* Paris, Minuit, 1970.
    -*L'État inconscient,* Paris, Minuit, 1978.
- LUBAC (de), Henri, *Le Drame de l'humanisme athée,* Paris, Les Éditions du Cerf, 1983.
- MACÉ, Marielle, «Fables pensives. Les effets de fiction dans quelques essais méditatifs » Frontières de la fiction, éditions Alexandre Gefen et René Audet, Presses Universitaires de Bordeaux et Éditions Nota Bene (Québec), 2001.
- MALRAUX, André, *Les Voix du silence,* Paris, Librairie Gallimard, 1951.
- MANN, Nicholas, *Pétrarque : les voyages de l'esprit,* Grenoble, Million, 2004.
- MARINI, Marcelle, Lacan, « Dossiers », Paris, Belfond, 1986 (réédition 1988).
- MARINO, Adrien, *Comparatisme et théories littéraires,* Paris, Presses Universitaires de France, 1998.
- MASSON, Jean-Yves, *Faust ou la mélancolie du savoir,* Paris, Desjonquères, 2003.
- MATTEI, Jean-François, *Platon et le miroir du mythe,* (collection « Quadrige »), Paris, Presses Universitaires de France, 2002.
- MAULPOIX, Jean-Michel, « Portrait du poète en araignée », dans *Le Poète perplexe,* Paris, José Corti, 2002.
- MAURON, Charles, *Des Métaphores obsédantes au mythe personnel. Introduction à la psychocritique,* Paris, José corti, 1963.
- MELNER, Max, *Freud et l'interprétation de la littérature,* Paris, Cedex, 1980
- MENARD Guy, *Petit Traité de la vraie religion, à l'usage de ceux et*

celle qui souhaitent comprendre un peu mieux le vingt et unième siècle, Montréal, Liber, BNQ, 1999.
- MENDEL, Gérard, *La révolte contre le père,* Payot, 1968
- MIGUET-OLLAGNIER, Marie, *Mythanalyses,* Paris, les Belles lettres, 1992.
- MIREAU, Emile, *La vie quotidienne des Grecs au siècle d'Homère,* Paris, Hachette, 1967.
- MONNEYRON, Frédéric, *L'Androgyne romantique. Du mythe au mythe littéraire,* Grenoble, ELLUG, 1994.
- MONTANDON, Alain, *Marie-Madeleine, figure mythique dans la littérature et dans les arts,* Clermont-Ferrand, Presses Universitaires Biaise Pascal, 1999.
- MORIN, Edgar, *Le Paradigme perdu, la nature humaine,* Paris, le Seuil, Points, 1973.

    -*Sociologie, Paris,* Fayard, 1974.
- MOURA, Jean Marc, *L'Europe littéraire et l'ailleurs,* Paris, Presses Universitaires de France, 1992.
- ONIMUS, Jean, *Réflexions sur l'art actuel,* Bruges, Desclée de Brouwer, 1964.
- PAGEAUX, Daniel-Henri, *Enquête et Réflexion sur les compagnons de route de la littérature générale et comparée. Fin d'un millénaire, rayonnement de la littérature comparée,* Strasbourg, PU.S., 1971.
- PAGEAUX, Daniel-Henri, *La Lyre d'Âmphion, Pour une poétique sans frontières,* Presses universitaires de *la* Sorbonne, 2001.

    -*Le Bûcher d'Hercule. Histoire, critique et théorie littéraires,* Paris, Champion, 1996.

    -*Sous le signe de Vertumne. Expérience poétique et création littéraire,* Paris, éditions Jean Maisonneuve, 2003.

-   *-Trente essais de littérature générale et comparée ou La corne d'Amalthée,* Paris, L'Harmattan, 2003.
-   PARIZET, Sylvie, *Le Défi de Babel. Un mythe littéraire pour le XXe siècle,* Paris, Desjonquères, 2001.
-   PAVEL, Thomas, *Univers de la fiction,* Paris, Seuil, 1986.
-   PERRIN, Jean, *Les Structures de l'imaginaire,* Grenoble, Presses Universitaires de Grenoble, 1973.
-   PERROT, Danielle, *Don Quichotte au XXe siècle. Réceptions d'une figure mythique dans la littérature et dans les arts,* Clermont-Ferrand, Presses Universitaires Biaise Pascal, 2003.
-   PESSIN, Alain, *Le Mythe du peuple et la Société française du XIXe* siècle, Paris, PressesUniversitaires de France, 1992.
-   PÈZERDL, Daniel, *Les Tendances catholiques aujourd'hui,* Paris, Le Semeur, 1949.
-   PINKOLA ESTES, Clarissa, *Femmes qui courent avec les loups : histoire et mythes de la femme sauvage,* Paris, le Grand livre du mois, 2004.
-   PLATON, *La République, Œuvres complètes,* tome VI, édition et traduction par Emile Chambry, Paris, Les Belles Lettres, 1965.
-   POUZADOUX, Claude et Mansot, Frédérick, *Contes et légendes de la Mythologie grecque,* Paris, Nathan, 1994.
-   PRÉVOST, Jean, *La Création chez Stendal Essai sur le métier d'écrire et la psychologie de l'écrivain,* Marseille, Sagittaire, 1942.
-   RASTIER, François, *Sémantique interprétative,* Paris, P.U.F., 1987.
    -Sens et textualité, Paris, Hachette, 1989.
-   RIALLAND, Ivanne, DURAND, Gilbert, « La Mythocritique en questions » in Acta Fabula, Printemps 2005 (Volume 6 numéro1).
    - «Pas à pas mythocritique» *in Champs de l'imaginaire,* textes réunis par Danièle Chauvin, Grenoble, ELLUG, 1996.

- RICŒUR, Paul, *De L'interprétation, Essai sur Freud,* Paris, Éditions du Seuil, 1965.
    -*Essais d'herméneutique,* Paris, Seuil, 1986.
    -*Le Conflit des herméneutiques,* Paris, C.I.S., 1962.
- RIFFATERRE, Michael, *La Production du texte,* Paris, Éditions du Seuil, Poétique, 1979.
    -«Sémiotique intertextuelle: l'interprétant» *in Revue d'esthétique,* n°1-2, 1979.
    -*Sémiotique de la poésie,* Paris, Seuil, 1983.
- ROBIN, Chantal, *L'Imaginaire du Temps retrouvé, Hermétisme et Écriture chez Proust,* dans « Circé, Cahiers de recherches sur l'imaginaire », Paris, Minard, 1977.
- SAID, Suzanne, *Approches de la mythologie grecque,* Paris, Nathan, 1993.
- SARTRE, Jean Paul, *Qu'est-ce que la littéraire,* Paris, Gallimard, *1948.*
- SCHAEFFER, Jean-Marie, *Les Mythes de l'amour,* Paris, Albin Michel, 1961, Gallimard, collection. « Idées », 1972(réédition).
    -*Pourquoi la fiction,* Paris, Seuil, 1983.
- SEILLIER, Philippe, « *Qu'est-ce qu'un mythe littéraire ?* » in *Littérature* n°55, octobre 1984.
- SIGANOS, André, *Le Minotaure et son mythe, (préface* de Pierre Brunel), Paris, Presses Universitaires de France, Écriture, 1993.
- SOLE, Jacques, *Les Mythes chrétiens de la renaissance aux Lumières,* Paris, Albin Michel, 1979.
- SOLIE, Pierre, *La Femme essentielle : mythanalyse de la Grande-Mère et de ses Fils- Amants* (préface de Pierre Emmanuel), Paris, Seghers, 1980.
- STAROBINSKI, Jean, « Psychanalyse et connaissance littéraire » dans *L'Œil vivant II. La relation critique,* Paris, Gallimard, 1970.

- STEINER, Georges, *Les Antigones,* traduction de Ph. Blanchard, Paris, Gallimard, 1986, réédition. « Folio essais », 1992.
- TACUSSEL, Patrick, *Imaginaire, Champs et méthodes.* Paris, L'Harmattan, 1995.
- TODOROV, Tzvetan, *Introduction à la littérature fantastique,* Paris, Seuil, 1970.
- TOUDOIRE-SURLAPIERRE, Frédérique, *Hamlet, l'ombre et la mémoire,* Monaco, Éditions du Rocher, 2004.
- TROUSSON, Raymond, *Thèmes et mythes : questions de méthode,* Bruxelles, éditions de l'université de Bruxelles, 1981.
- VALADIER, Paul, *Essai sur la modernité, Nietzche et Marx,* Paris, Cerf-Desclée, 1974.

    -*Jésus Christ ou Dionysos,* Paris, Desclée, 1979.

    -*Le Thème de Prométhée dans la littérature européenne,* Droz, Genève, 1976.

    -*Nietzche et la critique du christianisme,* Paris, cerf, 1974.

    -*Un Problème de littérature comparée : les études de thèmes,* Paris, Minard, 1965.
- VERNANT, Jean-Pierre, «Le mythe au réfléchi » in *Le Temps de la réflexion,* n° 1, 1980.

    -*L'Univers, les dieux les hommes*, Paris, Seuil, 1999.

    -*Mythe et tragédie en Grèce ancienne,* Paris, Éditions Maspero, 1974.
- VEYNE, Paul, *Les Grecs ont-ils cru à leurs mythes : essai sur l'imagination constituante,* Paris, Seuil, Des travaux, 1983.
- VIDAL-NAQUET, Pierre, *L'Atlantide. Petite histoire d'un mythe platonicien,* Paris, Les Belles Lettres, 2005.
- VIERNE, Simone, *Rite, roman, initiation,* Grenoble, Presses

Universitaires de Grenoble, 1973.

- WUNENBURGER, Jean-Jacques, «Principes d'une imagination mythopoïétique», *in* Pierre Cazier (éditeur), *Mythe et Création,* Lille, Presses Universitaires de Lille, 1994.

    -*Philosophie des images,* Paris, P.U.F./Thémis- philosophie, 1997.

Oui, je veux morebooks!

I want morebooks!

Buy your books fast and straightforward online - at one of the world's fastest growing online book stores! Environmentally sound due to Print-on-Demand technologies.

Buy your books online at

www.get-morebooks.com

Achetez vos livres en ligne, vite et bien, sur l'une des librairies en ligne les plus performantes au monde!
En protégeant nos ressources et notre environnement grâce à l'impression à la demande.

La librairie en ligne pour acheter plus vite

www.morebooks.fr

OmniScriptum Marketing DEU GmbH
Heinrich-Böcking-Str. 6-8
D - 66121 Saarbrücken
Telefax: +49 681 93 81 567-9

info@omniscriptum.com
www.omniscriptum.com

www.ingramcontent.com/pod-product-compliance
Lightning Source LLC
Chambersburg PA
CBHW021129300426
44113CB00006B/352